Christian Briem

Aus der Finsternis zum Licht

W0054653

Christian Briem

Aus der Finsternis zum Licht

Christliche Schriftenverbreitung
Postfach 10 01 53, 42490 Hückeswagen

Die Bibelstellen des Alten Testaments werden nach der im
R. Brockhaus Verlag, Wuppertal, erschienenen „Elberfelder
Übersetzung" in nicht revidierter Fassung angeführt, die Stellen aus dem Neuen Testament nach der überarbeiteten Fassung
der „Elberfelder Übersetzung".

4. überarbeitete Auflage 2001

© by Christliche Schriftenverbreitung, Hückeswagen
Umschlagfoto und Entwurf: Stefan Bickel
Printed in the Czech Republic for BasseDruck, Germany
ISBN 3-89287-323-2

Inhalt

INHALT

Einleitung

AUF EINEM KLEINEN FRIEDHOF im Markgräfler Land ziert ein in Form eines Kreuzes aus Granit gehauener Stein ein sonst schmuckloses Grab. Er trägt die interessante lateinische Inschrift:

EX DEO NASCIMUR
IN CHRISTO MORIMUR
PER SPIRITUM SANCTUM
REVIVISCIMUS

Die Übertragung ins Deutsche lautet:

AUS GOTT WERDEN WIR GEBOREN
IN CHRISTUS STERBEN WIR
DURCH DEN HEILIGEN GEIST
WERDEN WIR WIEDER LEBENDIG

Oft bin ich vor diesem Stein sinnend stehen geblieben. Ist dieser Spruch ein Wort aus der Bibel, dem Wort Gottes? So weit ich die Heilige Schrift kenne, enthält sie dieses Wort nicht. Dennoch, er klingt gut, dieser Spruch. Aber ist er wahr? Oder hat sich sein Verfasser einer schrecklichen Täuschung hingegeben? Je mehr ich über diesen Spruch nachdachte, desto klarer wurde mir: Er ist in höchstem Maß irreführend. Desto klarer wurde mir auch, dass die ganze Christenheit voll solcher schön klingenden Sprüche ist. Zum Teil sind sie sogar der Bibel entnommen und somit in sich selbst wahr; aber falsch oder auf die falschen Personen angewandt, wiegen sie die Menschen in falsche Sicherheit: Sie wähnen ihre Sache mit Gott in Ordnung und – gehen ewig verloren.

Diese Sache ist zu ernst, um auf die leichte Schulter genommen zu werden. Das vorliegende Buch will Ihnen darin eine Hilfe, ein Wegweiser sein. Es will Ihnen zeigen, wie man wirklich „aus Gott geboren" werden kann; wie man glücklich „in Christus sterben" und wie man zuversichtlich der Auferstehung, dem „Wieder-lebendig-Werden", entgegensehen kann.

Wenn ich nun im Verlauf des Buches gelegentlich auf diese Grabinschrift zurückkomme, dann nicht deswegen, weil sie so berühmt oder so weltbewegend wäre. Aber sie ist so symptomatisch, so beispielhaft für vieles in der Christenheit – für ihre Andachten, Ansprachen, Predigten, Krankensendungen, Grabreden. Die Menschen werden mit Gottesworten getröstet, die ihnen zum großen Teil gar nicht gelten oder zustehen. Mit überaus großer Freizügigkeit, ja Leichtfertigkeit wird das Wort Gottes im Mund geführt und auf die Menschen angewandt – zu ihrem ewigem Schaden.

Achten Sie doch bitte einmal selbst darauf: Wird auch von der ERLÖSUNG gesprochen, die in Christus Jesus ist, deren der SÜNDER bedarf? Gott spricht viel davon, die Menschen fast nicht mehr. Man redet von guten Werken, vom Nett-Sein zum Nachbarn, vom Mut-Haben in Schwierigkeiten, vom Hoffnung-Haben in Krankheiten, vom Vertrauen auf sich selbst, vom Vertrauen zum Menschen, vom ethischen Vorbild Jesu, dem man nacheifern müsse. Geht das nicht alles am eigentlichen Kern der Sache vorbei? Ist das nicht alles ein groß angelegtes, christlich angestrichenes Täuschungsmanöver des großen Widersachers Gottes und der Menschen, des Teufels? Denn erweckt er dadurch nicht den Eindruck, dass die Sache des Menschen mit Gott so übel gar nicht stehe, dass er sich schließlich selbst erlösen könne und dazu keines „Heilands" bedarf? Wenn er sich nur ein wenig anstrenge, würde schon alles recht werden, würde Gott ihm schon gnädig sein und ihm am Ende wenigstens ein kleines Plätzchen im Himmel geben.

Die christliche Welt ist voller Appelle, das Leben nach christlichen Idealen auszurichten. Das vorliegende Buch tut das nicht. Denn Gott ermahnt nicht unbekehrte Menschen zu einer christlichen Lebensführung: Er ermahnt nur Seine Kinder. Würde Er unbekehrte Menschen ermahnen, so würde Er damit das Sühnungswerk Seines Sohnes und das Evangelium über

Seinen Sohn für unnötig und überflüssig erklären. Er würde dies geradezu zerstören. Das aber wird und kann Er nie, nie tun. Was Er aber tut, ist dies: Er *gebietet* jetzt den Menschen, „dass sie alle überall Buße tun sollen".

Zuweilen leugnet der Teufel Gott und Himmel und Hölle, zuweilen gibt er sich „christlich". Ich glaube, dass diese zweite Taktik die weit gefährlichere ist und dass er damit gerade den anständigen, religiösen Menschen zu täuschen vermag. Das möchte ich mit Gottes Hilfe auf den folgenden Seiten zeigen, und dazu soll mir auch diese Grabinschrift dienen.

Gott sieht den natürlichen Menschen *nicht* mit einem „guten Kern", den man nur richtig entwickeln muss. Nein, Er sieht ihn als „verloren", als „fern von Gott", als „tot", als „sündig", als „blind" und „in Finsternis". Damit haben wir bereits die fünf Kapitel dieses Buches abgegrenzt und ihren jeweiligen Ausgangspunkt angegeben.

Aber das wäre kein Evangelium, keine gute Botschaft, wollte ich bei diesem demütigenden Ausgangspunkt stehen bleiben und nur den traurigen Zustand des Menschen und dessen überaus ernste Konsequenzen für die Ewigkeit beschreiben. Gott ist der große Arzt der Seele. Er hat nicht allein eine vollkommen richtige Diagnose, sondern auch das allein richtige und das allein wirksame Heilmittel. Und weil Gott

Liebe ist, möchte Er den Menschen nicht in seinem natürlichen Zustand belassen und ihn in die ewige Verdammnis gehen lassen, Er möchte ihn vielmehr „aus der Finsternis in sein wunderbares Licht" bringen. Das allerdings *ist* eine gute Botschaft! Dieses Buch will Sie nun gleichsam an die Hand nehmen – Ihre Einwilligung dazu vorausgesetzt – und Sie dorthin führen, wo wahrhaft Licht und Liebe, wo wahrhaft Freude und Glück, wo wahrhaft Leben in Ewigkeit ist – zu Gott selbst.

Vielleicht ist der eine oder andere meiner geschätzten Leser bereits ein glückliches Kind Gottes. Dann will Ihnen das Buch eine Hilfe sein zum tieferen Erfassen der großartigen Wahrheit Gottes und der gesegneten Stellung des Christen vor Gott, deren Sie sich schon heute erfreuen dürfen und sollen. Es will Ihnen auch die unbeschreiblich herrliche Zukunft vorstellen, die vor Ihnen liegt, und Ihnen somit einen tiefen Trost auf dem nicht immer einfachen Weg dorthin vermitteln.

Jedes der fünf Kapitel ist in sich abgeschlossen und kann unabhängig von den anderen gelesen werden, wenngleich eine gewisse Folgerichtigkeit in ihrer Anordnung vorliegt. Eines ist allen fünf Kapiteln gemeinsam: Sie zeigen stets den Weg *von etwas weg zu etwas hin*. Im Grunde enthalten sie alle dieselbe Botschaft, die aber von verschiedenen Blickpunkten aus gesehen wird. Nimmt man sie alle zusammen, so gewähren sie – das jedenfalls hoffe ich zu Gott – einen guten Überblick über den Teil der Wahrheit Gottes, mit dem wir uns hier beschäftigen wollen.

Noch etwas zum Schluss meiner einführenden Worte. Ich gestatte mir, Sie in meinen Ausführungen mit dem schlichten, persönlichen „Du" anzureden. Das ist durchaus keine Respektlosigkeit, scheint mir aber bei der Übermittlung der göttlichen Botschaft an den Menschen die passende Anrede zu sein.

Aus der Fremde in des Vaters Haus

ZUR GRUNDLAGE DIESES ersten Kapitels wollen wir das Gleichnis vom ›verlorenen Sohn‹ in Lukas 15 nehmen, dessen erster Teil folgenden Wortlaut hat:

„Er (Jesus) sprach aber: Ein gewisser Mensch hatte zwei Söhne; und der jüngere von ihnen sprach zu dem Vater: Vater, gib mir den Teil des Vermögens, der mir zufällt. Und er teilte ihnen die Habe. Und nach nicht vielen Tagen brachte der jüngere Sohn alles zusammen und reiste weg in ein fernes Land, und dort vergeudete er sein Vermögen, indem er ausschweifend lebte. Als er aber alles verschwendet hatte, kam eine gewaltige Hungersnot über jenes Land, und er selbst fing an, Mangel zu leiden. Und er ging hin und hängte sich an einen der Bürger jenes Landes; und der schickte ihn auf seine Felder, Schweine zu hüten. Und er begehrte seinen Bauch zu füllen mit den Schoten, die die Schweine fraßen; und niemand gab ihm.

Als er aber zu sich selbst kam, sprach er: Wie viele Tagelöhner meines Vaters haben Überfluss an Brot, ich aber komme hier um vor Hunger. Ich will mich aufmachen und zu meinem Vater gehen und will zu ihm sagen: Vater, ich habe gesündigt gegen den Himmel und vor dir, ich bin nicht mehr würdig, dein Sohn zu heißen; mache mich wie einen deiner Tagelöhner. Und er machte sich auf und ging zu seinem Vater.

Als er aber noch fern war, sah ihn sein Vater und wurde innerlich bewegt und lief hin und fiel ihm um den Hals und küsste ihn sehr. Der Sohn aber sprach zu ihm: Vater, ich habe gesündigt gegen den Himmel und vor dir, ich bin nicht mehr würdig, dein Sohn zu heißen. Der Vater aber sprach zu seinen Knechten: Bringt schnell das beste Gewand her, und zieht es ihm an, und tut einen Ring an seine Hand und Sandalen an seine Füße; und bringt das gemästete Kalb her, und schlachtet es, und lasst uns essen und fröhlich sein; denn dieser mein Sohn war tot und ist wieder lebendig geworden, war verloren und ist gefunden worden. Und sie fingen an, fröhlich zu sein" (Lk 15,11–24).

Es ist ein sehr ernstes und zugleich ein überaus liebliches Bild, das der Herr Jesus hier vor unseren Augen entwirft. Ernst: weil es uns den Weg des Menschen weg von Gott zeigt. Lieblich: weil es uns vorstellt, wie der Vater auf den Zurückkehrenden wartet und ihn aufnimmt.

Über Gleichnisse

Ehe wir uns dem vorstehenden Bibeltext näher zu-
wenden, seien einige Hinweise erlaubt, die von Nut-
zen sein können. Wenn der Herr Jesus Worte der
Gnade und Belehrung ausspricht, sind sie immer –
so einfach sie klingen mögen – von tiefster Bedeutung und Wahrheit. Wir erwarten das auch gar nicht
anders, wenn wir bedenken, dass Gott, der Sohn,
spricht, dass Der redet, der selbst das lebendige *Wort
Gottes,* der selbst die *Wahrheit* ist. Auch wenn der
Herr Seine Unterweisungen in die Form von Gleichnissen kleidet, sind Seine Worte vollkommene Wahrheit und von unergründlicher Tiefe. Wir werden das,
so hoffe ich, bei der Betrachtung des Gleichnisses von
dem ›verlorenen Sohn‹ noch finden.

Hier spricht also Der, über dessen Lippen Hold-
seligkeit ausgegossen ist (Ps 45,2), aus dessen Mund
Worte der Gnade (Lk 4,22), aber auch Worte der
Wahrheit (Lk 4,25) kamen, dessen Worte wir „bedenken" müssen (Apg 20,35); denn „niemals hat ein
Mensch so geredet wie dieser Mensch" (Joh 7,46).
Die Worte der Apostel und Propheten Alten und Neu-
en Testaments, die in der Heiligen Schrift niedergelegt sind, waren gleichfalls vom Heiligen Geist inspiriert, das heißt eingegeben; aber diese heiligen Män-

ner erfuhren nicht immer diese Inspiration. Christus dagegen sprach immer ohne Irrtum. Jedes Seiner Worte ist absolute Wahrheit, und ›Seine Schafe‹ hören Seine Stimme (Joh 10,27).

Ein Gleichnis ist keine Fabel, die die Dinge entgegengesetzt der Natur darstellt. Einem Gleichnis liegt stets ein Vorgang aus dem normalen Leben zugrunde, wie er täglich vorkommen kann. Ein Gleichnis mag nicht eine tatsächliche Begebenheit schildern, aber so könnte sie geschehen sein. An Hand dieses natürlichen Vorganges wird ein geistlicher Vorgang oder eine göttliche Wahrheit erklärt.

Ferner ist zu bedenken, dass in einem Gleichnis nicht jede Einzelheit eine geistliche Bedeutung hat. Auch gibt ein Gleichnis nicht jede Seite der göttlichen Wahrheit wieder, sondern es zeigt vielmehr eine *Hauptlinie* der Belehrung auf, die wir erfassen sollen. Darin liegt gerade der Wert und die Bedeutung der Belehrung durch Gleichnisse.

Im Ganzen sind es drei Gleichnisse, die das 15. Kapitel des Lukas-Evangeliums enthält. Dem Gleichnis vom ›verlorenen Sohn‹ oder von den ›beiden Söhnen‹, gehen die Gleichnisse von dem ›verlorenen Schaf‹ und der ›verlorenen Drachme‹ voraus. Alle drei Gleichnisse sind eine Antwort des Herrn auf den Vorwurf der selbstgerechten Pharisäer, dass Er Sünder aufnehme und mit ihnen esse. Im Gleichnis vom ›verlorenen

Schaf‹ geht der Hirte dem Schaf nach, bis er es findet. Im Gleichnis von der ›verlorenen Drachme‹ nimmt die Frau die Lampe und sucht so lange, bis sie die Münze findet. Und im Gleichnis vom ›verlorenen Sohn‹ wartet der Vater auf den verlorenen Sohn, bis er heimkommt, und nimmt ihn mit bewegtem Herzen auf. So deutet der Herr eine gewaltig große Wahrheit an, die wir gleich zu Anfang ins Herz aufnehmen wollen: Die ganze Dreieinheit Gottes – Gott, der *Sohn,* und Gott, der *Heilige Geist,* und Gott, der *Vater* – ist in Gnade mit der Errettung von Sündern beschäftigt. In allen drei Gleichnissen ist *Freude* das Ergebnis: Freude im Himmel über *einen* Sünder, der Buße tut.

Vielleicht ist einer meiner geschätzten Leser bereits jetzt geneigt, dieses Buch ungehalten wegzulegen. Er wollte nicht von „Sündern" und vom „Buße-Tun" hören. Doch bedenke: Gott liebt dich; Er beschäftigt sich mit dir und wartet auf dich, dass du heimkommst. Folgst du den Erfahrungen, die nun vor uns gestellt werden, so wird das Ende unaussprechliche Freude sein: „Und sie fingen an, *fröhlich zu sein."* Lass dich doch von dem Heiland der Sünder, der auch dein Heiland sein will, an die Hand nehmen und in das Haus des Vaters führen, wo du das findest, was du hier auf der Erde vergeblich suchst – Freude und Frieden!

Fassen wir noch einmal das bisher Gesagte zusammen. Der Herr Jesus zeigt uns in den Gleichnissen von Lukas 15, wie sich Gott in Seiner Gnade um den verlorenen Menschen bemüht, um ihn zurück zu Sich zu bringen. Er zeigt uns hier nicht, worauf das Heil ruht, zeigt uns nicht das Sühnungswerk, das Er vollbracht hat. Was Er uns hier zeigt, ist dies: den Weg zum Heil – den Weg AUS DER FINSTERNIS ZUM LICHT.

Die Verantwortlichkeit des Menschen

> *„Er sprach aber: Ein gewisser Mensch hatte zwei Söhne" (Vers 11).*

Dieser, das Gleichnis einleitende Satz deutet den **Ursprung des Menschen** als Geschöpf an: Er ist ein Geschöpf Gottes, hat seinen Ursprung in Gott. Ich sage: „deutet an", weil wir hier nicht die *Lehre* darüber haben, wohl aber eine Andeutung davon. Die Lehre selbst über diesen Gegenstand wird uns im Epheserbrief gegeben: *„Ein* Gott und Vater aller, der da ist über allen und durch alle und in uns allen" (Kap. 4, 6). Als Schöpfer, das will uns diese Stelle sagen, ist Er der Gott und Vater *aller* Menschen. In diesem Sinn sagt auch Paulus auf dem Areopag zu den Athenern:

„Er hat aus *einem* Blut jede Nation der Menschen ge-macht ... Denn in ihm leben und weben und sind wir, wie auch einige eurer Dichter gesagt haben: ‚Denn wir sind auch sein Geschlecht.‘ Da wir nun *Gottes Ge-schlecht* sind ...“ (Apg 17, 26–29). Auch wird die Her-kunft Adams in Lukas 3, Vers 38, direkt von Gott her-geleitet: „des Adam, *des Gottes.*“

Dass wir als Gottes Geschöpfe aus Seiner Hand hervorgegangen sind, dass Er einst „den Odem des Lebens“ in die Nase des Menschen hauchte (1. Mo 2, 7), ist durchaus keine nebensächliche Sache. Wäre sie so nebensächlich, würde sie der Teufel nicht der-art bekämpfen durch Entwicklungs-Theorien und der-gleichen, womit er versucht, Gott als Schöpfer in den Augen der Menschen beiseite zu setzen. Tatsächlich liegt in dem Umstand, dass wir im Bild Gottes und nach Seinem Gleichnis erschaffen (1. Mo 1, 26) und somit mit Einsicht und Vernunft begabte *Geschöpfe Gottes* sind, unsere Verantwortlichkeit vor unserem Schöpfer begründet. Nicht nur sind wir Ihm für das, was Er uns in Seiner Güte als Seinen Geschöpfen an Gaben und Fähigkeiten anvertraut hat, direkt und persönlich verantwortlich, sondern weil wir in *Sei-nem Bild* erschaffen sind, sind wir auch verantwort-lich, Gott in dieser Welt durch diese Fähigkeiten darzustellen; denn ›Bild‹ hat in der Heiligen Schrift die Bedeutung von ›Darstellung‹. Deswegen schuldet

Ihm jeder Mensch Gehorsam. Er mag nicht viel von der Bibel verstehen oder sogar nie etwas von Christus gehört haben. Aber die Tatsache, dass er einen Schöpfer hat, der ihm Seine ewige Kraft und Seine Göttlichkeit in der sichtbaren Schöpfung kundgemacht hat, macht ihn vor Ihm *verantwortlich,* „damit sie ohne Entschuldigung seien" (lies Röm 1,18–25).

Um noch einem irrigen Gedanken vorzubeugen: Diese beiden Söhne des Vaters bilden nicht etwa *Kinder Gottes* vor, die durch die Gnade Gottes bereits von „neuem geboren" waren (mit dieser Wahrheit wollen wir uns später beschäftigen), sondern *natürliche Menschen* in ihrer Stellung und Verantwortlichkeit vor Gott, dem sie ihre Existenz verdanken.

EX DEO NASCIMUR –
AUS GOTT SIND WIR GEBOREN

Dieser Spruch auf jenem Grabstein, von dem ich eingangs sprach, ist, wenn man ihn auf den Menschen als solchen anwendet, ein verhängnisvoller Irrtum. Nein, der Mensch, der in diese Welt geboren wird, ist durchaus nicht „aus Gott *geboren",* obwohl er Gott zum Schöpfer hat. Weder die Tatsache, dass er christliche Eltern hat, noch, dass er christlich getauft wurde, macht ihn zu einem Kind Gottes, das heißt zu einem aus Gott Geborenen. Dazu bedarf es der Bekehrung, der gläubigen Hinwendung zu Gott, wie wir im Verlauf unseres Gleichnisses noch sehen werden.

Der Charakter der Sünde

> *„Und der jüngere von ihnen sprach zu dem Vater: Vater, gib mir den Teil des Vermögens, der mir zufällt. Und er teilte ihnen die Habe. Und nach nicht vielen Tagen brachte der jüngere Sohn alles zusammen und reiste weg in ein fernes Land, und dort vergeudete er sein Vermögen, indem er ausschweifend lebte"* (Lk 15, 12.13).

Hier wird uns in überaus plastischer Weise das Prinzip und das Geheimnis der Sünde vorgestellt: Der jüngere Sohn wollte den Vater verlassen, um ganz seinem eigenen Willen folgen zu können. Nicht der ausschweifende Wandel ist das eigentliche Prinzip der Sünde, er ist mehr ihr sündiges Ergebnis. Aber sich von Gott zu entfernen, um nur den *eigenen Willen* zu tun – das ist der Grundsatz der Sünde, ist, um mit 1. Johannes 3, Vers 4, zu sprechen, „die Gesetzlosigkeit". In der ersten Handlung des jungen Mannes lag das ganze Unheil begründet: Er kehrte dem Vater den Rücken, um sein Leben ohne ihn zu gestalten, um ohne ihn glücklich zu sein.

Das ist in der Tat der Weg, die Geschichte von jedem Menschen. Seit durch den ersten Menschen die Sünde in die Welt gekommen ist, geht der Mensch wie Kain von dem Angesicht Gottes hinweg (1. Mo 4, 16), um das zu tun, was ihm selbst gefällt. Ist das nicht etwas überaus Ernstes? Wo man in der Welt hinblickt, sieht man diesen Grundsatz handgreiflich vor sich. Er regiert die Welt. Und wie viele junge Menschen sagen sich heute buchstäblich vom Elternhaus los, gehen so früh wie möglich davon, um unabhängig zu sein, das heißt, dem Eigenwillen zu folgen. Dieser Grundsatz der Unabhängigkeit von Gott und des Eigenwillens durchdringt die ganze Welt, durchdringt alle Schichten und alle Bereiche. Es ist *Sünde* im eigentlichen Sinn.

Wir fühlen es tief, wenn uns unsere Kinder so behandeln, wie der jüngere Sohn seinen Vater behandelte. Haben wir das von ihnen verdient? Haben wir ihnen nicht viel Liebe und Sorgfalt angedeihen lassen? Und jetzt kehren sie uns kalt den Rücken! War denn der Vater in unserem Gleichnis ein harter, liebloser Mann, dem man so schnell wie möglich zu entrinnen sucht? Der weitere Verlauf der Geschichte zeigt gerade das Gegenteil. Dennoch hatte der junge Mann es sehr eilig, von ihm fort zu kommen. „Nach nicht vielen Tagen", sagt die Schrift. Musste das nicht den Vater schmerzen?

Diesen traurigen Weg, liebe Freunde, sind wir alle ohne Ausnahme gegangen, haben uns alle gegen Gott versündigt und Ihm sogleich den Rücken gekehrt, um unseren eigenen Weg zu gehen. „Wir wandten uns ein jeder auf seinen Weg" (Jes 53, 6). Und der Psalmist David erläutert uns sozusagen dieses „Nach-nicht-vielen-Tagen" und sagt von den Gesetzlosen, dass sie „von Mutterschoß an abgewichen" sind, „von Mutterleib an irren" (Ps 58, 3). Haben wir das schon einmal bedacht? Haben wir hierüber schon einmal die richtigen Gefühle *für Gott* gehabt?

Als der Verfasser vor einiger Zeit einem jungen Menschen ein Evangeliums-Schriftchen mit dem Titel „DEIN WEG" geben wollte, antwortete dieser, nachdem er den Titel gelesen hatte, freundlich, aber kühl: „Danke! Ich gehe *meinen* Weg." Diese Antwort erleuchtet schlagartig das, worüber wir jetzt sprechen. Der Mensch will *seinen* Weg gehen, ohne nach Gott zu fragen. Und ich wiederhole noch einmal: Das ist die eigentliche Sünde, aus der alle anderen Sünden entspringen.

Und damit kommen wir noch zu einem anderen Punkt. Wir Menschen machen Unterschiede zwischen den Sündern, und diese Unterschiede bestehen tatsächlich. Nicht alle von uns haben ausschweifend gelebt, obwohl einige von uns solche gewesen sind (1. Kor 6, 11). Andere haben äußerlich einen durchaus ehrbaren Wandel geführt. Wenn wir aber die Wurzel unserer Sünde und das Herz des Menschen betrachten, verschwinden diese Unterschiede völlig. Was den Seelenzustand des jüngeren Sohnes anging, so war er, als er vom Schweinefutter essen wollte, nicht ein größerer Sünder, als da er seinem Vater den Rücken kehrte. Das Übel lag in seinem Herzen, das ohne den Vater glücklich sein wollte.

So ist es bei jedem Menschen von Natur: Sein Herz und damit sein Wille ist Gott entfremdet. Noch einmal sei es gesagt: Nicht jeder hat sich in gleichem Maß der Ausschweifung hingegeben, aber wir sind alle in ein fernes Land gegangen, um fern von Gott zu leben. Doch der Herr Jesus greift gerade diesen jüngeren, heruntergekommenen Sohn als Beispiel heraus, um zu zeigen, dass die Gnade Gottes auch ihn zu erreichen vermag.

Im fernen Land

Der Vater hatte es seinem jüngeren Sohn nicht verwehrt, von ihm wegzugehen. Vielmehr lesen wir: „Und er teilte ihnen die Habe." So hindert auch Gott den Menschen nicht, seinen eigenen Weg zu erwählen. Er stellt ihn jedoch dadurch auf die Probe, dass Er ihm von Seinem „Vermögen" gibt: Es würde sich erweisen, was er damit tut. Der Mensch ist für sein Tun verantwortlich. In gewissem Sinn gestattet Gott dem Menschen, mit dem, was Er ihm anvertraut hat, zu tun, wie es ihm gefällt. Wird dadurch doch nur offenbar werden, wohin sein Herz geht. Wie erforschend ist dieser Gedanke! Der weise „Prediger" drückt ihn so aus: „Allein, siehe, dieses habe ich gefunden, dass Gott den Menschen aufrichtig geschaffen hat" (ist das nicht ein großes ›Vermögen‹?), „sie aber haben viele Ränke gesucht" (Pred 7, 29).

Der junge Mann schien sich in dem *fernen Land* – fern von Gott – ganz wohl zu fühlen. Aber war er glücklich? Er hatte ein Vermögen, und er vergeudete es. Wenn man über seine Verhältnisse lebt, erscheint man vor anderen als reich und glücklich. Aber ist man es wirklich? Lange wird das nicht gut gehen.

Ich sprach eben davon, dass die Menschen von ihrem Schöpfer ein ›Vermögen‹ mitbekommen haben, das sie Ihm verdanken und wofür sie Ihm verantwortlich sind. Gott hat ihren Geist, ihre Seele und ihren Körper mit Fähigkeiten ausgestattet, die deutlich davon Kunde geben, dass sie aus der Hand eines weit Größeren stammen. Und nun will Gott, dass sie diese Fähigkeiten zu Seiner Verherrlichung benutzen, „damit du nicht anderen deine Blüte gibst, und deine Jahre dem Grausamen; damit nicht Fremde sich sättigen an deinem Vermögen ... und du nicht stöhnst bei deinem Ende, wenn dein Fleisch und dein Leib dahinschwinden, und sagst: Wie habe ich die Unterweisung gehasst!" (Spr 5, 9–12).

Aber ungeachtet solcher Warnungen vergeuden die Menschen ohne Gott ihre Kräfte für eigenwillige Ziele, für eitle Vorhaben – ja für die Sünde. Dabei strahlen sie zuweilen eine gewisse Fröhlichkeit und Unbekümmertheit aus, dass man fast meinen könnte, sie seien wirklich glücklich. Sie eilen von Freude zu Freude, von Erlebnis zu Erlebnis.

Aber gerade das zeigt, dass sie in dem „fernen Land" sind. Sie jagen dem Glück nach, weil – ja weil sie es noch nicht gefunden haben. Arme Menschen! Sie fliegen von Blume zu Blume, sie schmücken ihre Veranstaltungen und Häuser, aber sie leben, was ihre Seele angeht, über ihre Verhältnisse und – verzehren sich. Lass sie nur einmal einen Tag allein, ohne Fernsehen, ohne alles. Dann merken sie, wie hohl und leer sie sind. Gott braucht zum Beispiel nur ein wenig ihre Gesundheit anzutasten, und ihre Seele empfindet die ganze Nichtigkeit und Eitelkeit ihres Strebens.

Die Menschen dieser Welt sind, wenn man sie auf ihr Glück anspricht, sehr empfindlich; denn ihr Glück ist nicht wirklich, ihre Herrlichkeit ist unecht und ihre Freude vergänglich. Alles ist hohl und verträgt nicht das Nachdenken. Die größten Komiker und Spaßmacher, die Tausende zum Lachen gebracht

haben, waren, wenn man hinter die äußere Fassade
zu blicken vermochte, die einsamsten und traurigs-
ten Menschen. Sie vergeudeten mit ihren Anhängern
„ihr Vermögen", und als für sie die „Hungersnot" kam,
fanden sie sich plötzlich allein. Das beschreiben uns
die folgenden Verse.

> *„Als er aber alles verschwendet hatte, kam eine ge-*
> *waltige Hungersnot über jenes Land, und er selbst*
> *fing an, Mangel zu leiden. Und er ging hin und*
> *hängte sich an einen der Bürger jenes Landes; und*
> *der schickte ihn auf seine Felder, Schweine zu hüten.*
> *Und er begehrte seinen Bauch zu füllen mit den*
> *Schoten, die die Schweine fraßen; und niemand gab*
> *ihm"* (Lk 15,14–16).

Der Mensch, der Gott den Rücken zugewandt hat,
wird bei all seiner vermeintlichen Klugheit, bei all seinem Können und Streben, bei all seinem Jagen nach
Vergnügungen und Glück, sittlich mehr und mehr er-
niedrigt. Er verarmt an seiner Seele. Früher oder später wird er wie der jüngere Sohn anfangen, Mangel
zu leiden, und sich schließlich bei der „Schweineher-
de" wiederfinden. Der Teufel gibt nichts, er nimmt
nur.

Da ist keine wirkliche Befriedigung im „fernen
Land". Hast du das nicht auch schon empfunden? Du

hattest dir den Abend sehr schön vorgestellt, und eigentlich ist auch alles ganz fröhlich und nett gewesen. Aber zurück blieb ein schaler Geschmack, ein leeres Gefühl, selbst dann, wenn nicht Sünde das Gewissen zusätzlich belastete. Nein, diese Welt hat nichts, was deine Seele wirklich befriedigen, sättigen kann. Es ist alles „Eitelkeit und ein Haschen nach Wind" (Pred 2,17).

Ich bin überzeugt, dass es Gott war, der die Hungersnot über jenes Land brachte, damit der jüngere Sohn „zu sich selbst" käme. Aber dieser denkt immer noch nicht an seinen Vater, wenn er auch den Mangel noch so empfindlich fühlt. Nein, er wendet sich zu Menschen um Hilfe, hängt sich an einen der Bürger jenes Landes. Der kennt ihn doch, der hat doch fest mitgeholfen, sein Vermögen zu verprassen! Gewiss, der wird ihm helfen, jetzt, da er selbst in Not gekommen ist!

Ach, der Teufel und die Welt sind schlechte Belohner – äußerst schlechte! Sie lassen sich alles bitter bezahlen, und sie geben nichts umsonst, ja sie geben nicht einmal etwas zurück. Sie fordern einen hohen Preis für ihre Halbheiten und Ersatzlösungen, für ihr Schein-Glück – den Preis der Seele –, und sie lassen den Menschen nackt und hungrig zurück. „Er begehrte seinen Bauch zu füllen mit den Schoten, die die Schweine fraßen; und *niemand gab ihm.*" Es ist eine bittere Erfahrung: „Niemand gab ihm." Hast du sie nicht auch gemacht? Es gibt nur EINEN, der wirklich geben kann, geben will – Gott. Aber man will Ihn nicht.

Man wähnt sich glücklich, solange alles so geht, wie man es sich wünscht, solange man gesund ist und Erfolg hat. Kommt aber die ›Hungersnot‹, kommt Krankheit, Not und Ungemach, klappt das vermeintliche Glück wie ein Kartenhaus zusammen. Und das Erschütternde ist, dass selbst die ›Hungersnot‹ den Menschen nicht zu Gott bringt. „Du hast sie geschlagen, aber es hat sie nicht geschmerzt; du hast sie vernichtet: sie haben sich geweigert, Zucht anzunehmen; sie haben ihre Angesichter härter gemacht als einen Fels, sie haben sich geweigert, umzukehren" (Jer 5, 3). Der Mensch nimmt zu Menschen seine Zuflucht, zum ›Fleisch‹, nicht zu Gott. Das Allerletzte, woran man denkt, ist Gott. Kann etwas mehr zeigen, wie fern der Mensch von Gott ist? Oh, es gibt nichts Ärmeres, nichts Elenderes, die ewige Verdammnis ausgenommen, als im „fernen Land" zu wohnen!

Lord Byron, der nicht nur ein reicher Mann, sondern auch einer der größten Dichter Englands war, klagte vor seinem Tod:

> *Herbstlich sind nun meine Tage,*
> *Zeit hat Blüt' und Duft vertrieben.*

Nur der Wurm, das Leid, die Klage
sind geblieben.

Die Güte Gottes, die zur Buße leitet

„Als er aber zu sich selbst kam, sprach er: Wie viele
Tagelöhner meines Vaters haben Überfluss an Brot,
ich aber komme hier um vor Hunger. Ich will mich
aufmachen und zu meinem Vater gehen und will
zu ihm sagen: Vater, ich habe gesündigt gegen den
Himmel und vor dir, ich bin nicht mehr würdig,
dein Sohn zu heißen; mache mich wie einen deiner
Tagelöhner" (Lk 15, 17–19).

Hier kommen wir zu einem bedeutsamen Wende-
punkt in dem Leben des jungen Mannes: Er kommt
zu sich selbst. Das ist zweifellos, wie wir in einem späteren Kapitel klarer sehen werden, das Werk Gottes in
Seiner Güte. Es ist die *Güte* Gottes, die zur Buße lei-
tet, nicht der *Schrecken* Gottes (Röm 2, 4). Es ist Gott
selbst, der in ihm das Bewusstsein seines wahren Zu-
standes hervorruft. Er sieht jetzt nicht nur, dass er
Mangel hat – das führt kaum jemand zu Gott –, sondern dass er *umkommt*. So weit muss man kommen in
dem fernen Land: zu sehen, dass man dort vor Hunger *umkommt*.

Aber die Güte Gottes tut *noch* etwas – etwas sehr Kostbares: Sie erweckt in dem Herzen das Bewusstsein, dass es in dem Haus des Vaters, dem er damals so schnöde den Rücken kehrte, *gut* ist, dass es dort *Brot* gibt, Brot genug, selbst für die Tagelöhner mehr als genug. Die Güte Gottes zieht das Herz dessen an, der weiß, dass er „hier umkommt". Und so bewirkt die Gnade in dem Menschen das Verlangen, zu Gott zu gehen: „Ich will mich aufmachen und zu meinem Vater gehen."

Der verlorene Sohn fasst nicht gute Vorsätze, sich zu bessern, um dann vor den Vater hintreten zu können. Ungezählte Menschen handeln leider anders. Sie geben ihren armseligen Zustand zunächst nicht zu; und wenn sie ihn erkennen, wollen sie sich selbst daraus erretten, um dann mit ihrer Leistung vor Gott hintreten zu können. Sie alle werden einmal die Wahrheit des Sprichwortes erfahren müssen, das da sagt: „Der Weg zur Hölle ist mit guten Vorsätzen gepflastert."

Nein, der verlorene Sohn ist mit sich fertig, sein Gewissen ist erwacht und sein Herz angezogen. Die Güte Gottes hat in seinem Inneren das Vertrauen zu seinem Vater wachgerufen, und er ist bereit, so zu seinem Vater zu gehen, *wie er ist*. Er sagt gleichsam mit den Worten Ephraims: „Nach meiner Umkehr empfinde ich Reue, und nachdem ich zur Erkenntnis gebracht worden bin, schlage ich mich auf die Lenden. Ich schäme mich und bin auch zu Schanden geworden" (Jer 31,19). Das ist der Punkt, zu dem wir alle einmal kommen müssen, wenn wir nicht ewig in der Gottesferne sein wollen; und das ist es, was uns der Herr Jesus hier lehren will.

Bekehrung, Buße und Bekenntnis

Dieses Sich-Aufmachen und Zum-Vater-Gehen ist das, was die Schrift an vielen Stellen **Bekehrung** nennt. „So tut nun Buße und bekehrt euch, dass eure Sünden ausgetilgt werden", sagt Petrus seinen jüdischen Landsleuten (Apg 3,19). Auch der Apostel Paulus verkündigte den Menschen, „Buße zu tun und sich zu Gott zu bekehren und der Buße würdige Werke zu vollbringen" (Kap. 26,20). Man bekehrt sich *von* etwas *zu* etwas:

> „… damit sie sich bekehren *von* der Finsternis *zum* Licht und *von* der Gewalt des Satans *zu* Gott, damit sie Vergebung der Sünden empfangen" (Apg 26,18).
>
> „… wie ihr euch *von* den Götzenbildern *zu* Gott bekehrt habt, um dem lebendigen und wahren Gott zu dienen" (1.Thes 1,9).

Diesen Grundsatz sehen wir in der Geschichte des verlorenen Sohnes sehr einprägsam vorgestellt. Bisher hatte er seinem Vater den Rücken zugewandt, und sein Angesicht war vom Vater abgewandt und den Dingen in der Welt zugewandt gewesen. Jetzt aber wendet er sich *von* der Welt ab, und sein Angesicht ist *zu* dem Vater gerichtet. Er hat den Vater noch nicht, er weiß noch nicht, wie er ihn aufnehmen mag, das heißt, er hat noch keinen Frieden, aber er will zu ihm gehen.

„Und er machte sich auf und ging zu seinem Vater." Das ist Bekehrung.

Mit der Bekehrung geht, wenn sie echt ist, immer die **Buße** einher. Buße bedeutet nicht Buß*übungen*. Buße ist eine Änderung der Gesinnung, und sie wird stets von einer Gott gemäßen *Betrübnis der Seele* über den eigenen Zustand und die eigenen Wege begleitet. So lesen wir: „Denn die Betrübnis Gott gemäß bewirkt eine nie zu bereuende Buße zum Heil" (2. Kor 7, 10). Man ändert also nicht einfach rein verstandesmäßig seinen Sinn, wie man ein Hemd wechselt, sondern man schämt sich über sich selbst, schämt sich darüber, dass man Gott so tief verunehrt hat.

Diese Betrübnis der Seele führt ganz natürlich zu einem **Bekenntnis** der Sünde vor Gott: „... und will zu ihm sagen: Vater, ich habe gesündigt gegen den

Himmel und vor dir, ich bin nicht mehr würdig, dein Sohn zu heißen; mache mich wie einen deiner Tagelöhner." Wie schwer fällt es dem Menschen, solch ein Bekenntnis abzulegen! Wie lange dauert es oft, wie viel bittere Erfahrungen müssen erst gemacht werden, ehe man endlich dahin kommt, den Stab über sich zu brechen und seine Schuld zuzugeben!

Doch der Weg zum Heil führt über das Bekenntnis der Schuld, dies ist „der Buße würdige Frucht" (Mt 3, 8).

„Als ich schwieg", musste David bekennen, „verzehrten sich meine Gebeine durch mein Gestöhn den ganzen Tag … Ich tat dir kund meine Sünde und habe meine Ungerechtigkeit nicht zugedeckt. Ich sagte: Ich will Jehova (Jahwe) meine Übertretungen bekennen; und du, du hast vergeben die Ungerechtigkeit meiner Sünde" (Ps 32, 3.5). Davids Sohn, der weise Salomo, spricht diese Wahrheit durch den Heiligen Geist so aus: „Wer seine Übertretungen verbirgt, wird kein Gelingen haben; wer sie aber bekennt und lässt, wird Barmherzigkeit erlangen" (Spr 28, 13).

„Mit dem Mund wird bekannt zum Heil", sagt der Geist Gottes durch einen anderen Gottesmann, durch Paulus (Röm 10, 10). Und wie kostbar und zuverlässig ist die Zusage Gottes, die wir im ersten Brief des Johannes finden: „Wenn wir unsere Sünden bekennen, so ist er treu und gerecht, dass er uns die

Sünden vergibt und uns reinigt von aller Ungerechtigkeit" (Kap. 1, 9)! Wenn wir diesen Vers jetzt auch
noch nicht in seiner ganzen Fülle ausschöpfen können, so wollen wir doch an dieser Stelle bereits dies
festhalten: Auf das *Bekenntnis* der Sünden folgt *Vergebung* der Sünden, *aller* Sünden. Gott ist sogar treu
und gerecht, wenn Er die Sünden vergibt. Wie das
möglich ist, möchte ich in einem späteren Kapitel ver-
suchen aufzuzeigen.

Eines aber muss ich hier schon bemerken, wenn es
auch über den Rahmen unseres Gleichnisses hinaus-
geht: Der Weg zu Gott geht über Golgatha. Der Vater vergibt die Sünden *um des Namens Seines Sohnes
willen* (1. Joh 2, 12), der das Werk zur Sühnung unserer Schuld am Kreuz vollbracht hat. Und Er vergibt
nur dem, der an Jesus Christus, Seinen Sohn, *glaubt:*
„Glaube an den Herrn Jesus, und du wirst errettet
werden, du und dein Haus." „Diesem geben alle Propheten Zeugnis, dass jeder, der an ihn glaubt, Vergebung der Sünden empfängt durch seinen Namen"
(Apg 16, 31; 10, 43). Christus ist der Weg zu Gott, und
niemand kommt zum Vater als nur durch Ihn (Joh
14, 6). Die Erlösung ist nur in Christus Jesus zu finden (Kol 1, 14). Auch ist in keinem anderen das Heil;
„denn es ist auch kein anderer Name unter dem Himmel, der unter den Menschen gegeben ist, in dem wir
errettet werden müssen" (Apg 4, 12). Es ist nichts Ge-

ringeres, nichts anderes als das Blut Jesu Christi, das
uns von aller Sünde reinigt (1. Joh 1, 7).

Wenn wir jetzt auf das Bekenntnis des jüngeren
Sohnes zurückkommen, so enthält es manches, was
wir mit Recht beanstanden könnten. Aber es war ein
echtes Bekenntnis, ein Beweis des Glaubens und des
neuen Lebens, und der Vater nahm es an. Das sollte
jeden bußfertigen Menschen ermuntern. Sehr tief gingen die Gefühle des Sohnes noch nicht; denn er war
tatsächlich nicht nur nicht mehr würdig, sein Sohn
genannt zu werden, sondern er hatte es verdient, für
immer vom Haus des Vaters getrennt zu bleiben und
in die äußerste Finsternis geworfen zu werden. Dazu
noch war er „würdig", zu nichts anderem.

Auch macht sein Zusatz „Mache mich wie einen
deiner Tagelöhner" deutlich, dass er in gewissem Maß
noch von einem gesetzlichen Geist erfüllt war, weil
er weder sich noch seinen Vater und dessen Liebe in
Wahrheit kannte. Er war weder ganz mit sich zu Ende,
noch war er dahin gekommen zu erkennen, dass es
nur Gnade, nichts als Gnade sein musste, die ihm be-
gegnen musste und helfen konnte. Aber im Grund seines Herzens war, wie schwach auch immer, ein echtes Bewusstsein seiner Sünde und Schuld vorhanden;
und da er auf die Güte des Vaters vertraute, machte
er sich auf, um mit dem Bekenntnis seiner Schuld vor
seinen Vater zu kommen.

Sag, lieber Leser, hast auch du schon diesen Weg beschritten? Der Teufel will dich um jeden Preis davon abhalten, ihn zu gehen. Er will deinen Stolz anstacheln; er sagt dir, du hättest es nicht nötig, dich zu beugen: Wenn nur alle Menschen so gut wären wie du! Oder er will dir Zweifel einflößen, ob Gott dich überhaupt haben und annehmen will. Doch sieh, wie leicht es der Vater dem verlorenen Sohn macht, zu ihm zu kommen! Das wollen wir nun ein wenig näher anschauen.

Die überreiche Gnade Gottes

„Und er machte sich auf und ging zu seinem Vater. Als er aber noch fern war, sah ihn sein Vater und wurde innerlich bewegt und lief hin und fiel ihm um den Hals und küsste ihn sehr" (Lk 15, 20).

Es heißt nicht von dem Sohn, dass er „lief". Zögernd mochte vielmehr sein Schritt gewesen sein, als er nun zu seinem Vater ging. Ungewissheit und Beschämung mochten sich in seine Hoffnung gemischt und seine Schritte verlangsamt haben.

Aber der Vater „lief", lief hin zu seinem Sohn, der da in Lumpen zu ihm kam. Er hatte ihn schon gesehen, als er noch fern war. Offenbar hatte er längst

auf ihn gewartet. Der elende Zustand seines heruntergekommenen Sohnes gab ihm nur Veranlassung,
über ihn innerlich bewegt zu sein. Kein Groll, kein
Zürnen, nicht einmal ein zarter Vorwurf! „Der nichts
vorwirft" (Jak 1,5) – wie oft hat der Verfasser auch
noch später auf seinem Weg bei mancherlei Versagen
diese Gnade erfahren und geschmeckt, „dass der Herr
gütig ist"! Nein, der Vater wirft dem Sohn nicht das
Geringste vor, sondern fällt ihm in seinen Lumpen
um den Hals und küsst ihn sehr. Er nimmt ihn so an,
wie er ist, und er liebt ihn trotz alledem.

Wunderbare Gnade und Liebe Gottes, die hier vor-
geschattet sind! Gott ist „reich an Barmherzigkeit wegen seiner vielen Liebe, womit er uns geliebt hat"
(Eph 2,4). Diese Liebe Gottes uns gegenüber erweist
sich darin, „dass Christus, *da wir noch Sünder waren,*
für uns gestorben ist" (Röm 5,8). Wir werden hier
unwillkürlich an die kostbaren Worte in demselben
Kapitel erinnert: „Wo aber die Sünde überströmend
geworden ist, ist die Gnade noch überreichlicher geworden" (Vers 20).

Es ist eine unermessliche Wahrheit, die wir wohl
nie ganz fassen können, die wir aber glauben dürfen:
GOTT IST FÜR UNS (Röm 8,31). Dass Gott bei all Seiner Gnade auch *gerecht* ist, werden wir, wie schon
angedeutet, in anderem Zusammenhang noch sehen
können.

Beachten wir: Ehe der Sohn sein Bekenntnis, das er sich vorgenommen hatte, ablegen konnte, fiel ihm sein Vater um den Hals und küsste ihn sehr. Das ist wahrlich unverdiente Liebe – Gnade! Aber nun macht der Sohn seinem Gewissen Luft:

> *„Der Sohn aber sprach zu ihm: Vater, ich habe gesündigt gegen den Himmel und vor dir, ich bin nicht mehr würdig, dein Sohn zu heißen"*
>
> *(Lk 15,21).*

Fällt uns auf, dass er die Worte „mache mich wie einen deiner Tagelöhner" nicht ausspricht? Hätte er sie angesichts solcher Liebe über die Lippen bringen können? Unmöglich! Es wäre eine Geringschätzung der Liebe seines Vaters gewesen.

Dass wir das doch von Herzen lernten: Gott handelt mit uns aus der Liebe Seines Herzens heraus, *weil Er Liebe ist,* nicht weil wir liebenswert sind! Wir meinen oft, Gott müsse nach dem handeln, was wir von Ihm verstehen, was wir über Ihn fühlen. Und wenn wir an unsere Armseligkeit denken, dann sagen wir wohl: „Mache mich wie einen deiner Tagelöhner." Das sieht so demütig aus, schränkt aber die Größe Gottes in Seiner Liebe auf unerträgliche Weise ein.

Die Menschen, selbst wahre Kinder Gottes, haben oft Schwierigkeiten mit der Gnade Gottes, weil sie einen gesetzlichen Boden einnehmen und so von sich selbst auf Gott und Sein Handeln schließen. So wären beispielsweise viele aufrichtige Christen durchaus mit einem „Eckchen im Himmel" zufrieden, mit irgendeinem kleinen, bescheidenen Platz dort. Wer aber so denkt, kennt Gott noch nicht, weiß noch nicht, was Seine Liebe wirklich ist. Gott handelt aus dem heraus, was *Er* fühlt und denkt, ja was Er ist. Entspricht ein „kleines Eckchen im Himmel" dem Reichtum Seiner Gnade, Seiner Liebe? Würde solch ein bescheidener, um nicht zu sagen minderwertiger Platz nicht ein beständiges Zeugnis *gegen* Seine Liebe sein, wie es auch der Fall gewesen wäre, hätte der Vater seinen zurückgekehrten Sohn zu einem seiner Tagelöhner gemacht?

Ich möchte an dieser Stelle die Geschichte eines anderen ungeratenen Sohnes frei wiedererzählen, weil sie eine so schöne Erläuterung unseres Gegenstandes ist. Dieser junge Mann hatte seinen gläubigen christlichen Eltern schon viel Not und Kummer gemacht. Eines Tages verließ er dann bei Nacht sein Elternhaus, das in einem großen Obstgarten an der Bahnlinie lag, vom Bahnhof nicht allzu weit entfernt. Ohne auch nur die geringste Mitteilung über sein Verbleiben zu hinterlassen, verschwand er auf Nimmerwiedersehen. Er tauchte in einer Großstadt unter und verlor sich in einem Leben der Sünde.

Viele Jahre vergingen, und nie hörten die Eltern etwas von ihrem verlorenen Sohn. So tief ihr Gram über ihn auch war, sie hörten nicht auf, für ihn zu Gott zu rufen. Und Gott wirkte, wirkte an der Seele des heruntergekommenen Sohnes. Schließlich brach er völlig vor Gott zusammen. Unwiderstehlich wurde jetzt in seiner Seele das Verlangen, zu seinen lieben Eltern mit einem Bekenntnis seiner Sünde zurückzukehren. Aber er war sich durchaus nicht sicher, ob sie ihn nach all dem Leid, das er ihnen zugefügt hatte, noch aufnehmen und ihm vergeben würden.

In seiner Not schrieb er ihnen einen Brief, der etwa wie folgt schloss: „Ich werde mit dem und dem Zug an dem und dem Tag an eurem Haus vorbeifahren. Wenn ihr bereit seid, mich wieder aufzunehmen und mir zu vergeben, dann hängt doch bitte in den Apfelbaum, der am Bahndamm steht, ein weißes Band. Wenn aber nicht, so werde ich weiterfahren …"

Der angekündigte Tag kam. Angespannt saß der Mann am Fenster des Abteils. In seinem Inneren arbeitete es. Wie lange hatte er all die bekannten Ortschaften und Gegenden nicht mehr gesehen, die da an ihm vorüberzogen! Was waren das einst für glückliche Tage gewesen! Aber jetzt konnte es nicht mehr weit sein bis zu dem Ort, wo seine Eltern wohnten. Schon verlangsamte der Zug sein Tempo. Der

Mann sprang auf und spähte in Fahrtrichtung zum Fenster hinaus. Jetzt musste doch bald der Garten der Eltern kommen! Da war er schon. Sein Auge suchte hastig den Apfelbaum. Hing ein weißes Band darin? Fassungslos starrte er hin, ihm schossen die Tränen aus den Augen: Der Apfelbaum hing voll weißer Bänder …

Die Freude Gottes

> *„Der Vater aber sprach zu seinen Knechten: Bringt schnell das beste Gewand her, und zieht es ihm an, und tut einen Ring an seine Hand und Sandalen an seine Füße; und bringt das gemästete Kalb her, und schlachtet es, und lasst uns essen und fröhlich sein; denn dieser mein Sohn war tot und ist wieder lebendig geworden, war verloren und ist gefunden worden. Und sie fingen an, fröhlich zu sein"*
>
> *(Lk 15, 22–24).*

Es ist die Freude Gottes, den Sünder zurückzuführen und aufzunehmen. Es ist Seine Freude, ihm alle seine Sünden zu vergeben. Gewiss, der Sünder hat die Vergebung der Sünden nötig; und hat er sie durch den Glauben an Christus und Sein Werk erlangt, dann hat er allen Grund, sich zu freuen. Hier aber geht es nicht so sehr um die Freude des Sünders, sondern um die Freude Gottes selbst. „Man musste doch fröhlich sein und sich freuen", lesen wir ein wenig später. Der Vater selbst ist es, der sich freut, und er freut sich mit seinen Knechten.

Die Rückkehr des verlorenen Sohnes bewirkt nicht nur Freude im Himmel, sondern auch auf der Erde, im Haus des Vaters. Denn wir müssen diese Szene nicht in den Himmel verlegen. Sie ist nicht ein Bild davon, was wir im Himmel erleben werden. Vielmehr ist es der Geist des Himmels, wenn wir so sagen dürfen, den wir schon hier auf der Erde atmen dürfen und der in Anbetung mündet. Es ist die Freude Gottes, uns in Seiner Gegenwart zu haben und uns an Seiner Freude teilnehmen zu lassen.

Wie wenig sind wir Christen oft in der Lage, uns zu diesen Gedanken zu erheben! Wir sind viel mit dem beschäftigt, was wir waren und was wir jetzt durch die Gnade sind. Schon recht! Auch das Bekenntnis des Sohnes war recht. Aber dann verschloss ihm die Liebe des Vaters den Mund weiterzureden, und ER tritt in den Vordergrund, ER redet und handelt. Er redet nicht zu dem Sohn, sondern zu seinen Knechten: „Bringt schnell das beste Gewand her, und zieht es ihm an." Es ist des Vaters Freude zu geben, im Übermaß zu geben. Nichts ist jetzt für den zurückgekehrten Sohn zu gut. Das beste Gewand, ein Ring, Sandalen – alles wurde, wie wir gleich noch sehen werden, für den hergebracht, der noch draußen, außerhalb des Hauses war – dort, wo sein Vater mit ihm zusammengetroffen war.

Das ist ohne Frage sehr bedeutsam. Der Vater ließ nicht zuerst das beste Gewand bringen, um ihm dann um den Hals zu fallen und ihn zu küssen. Nein, er lief ihm entgegen und küsste ihn, als er noch in seinen Lumpen war. So steht die Gnade und das Herz Gottes dem bußfertigen Sünder vollkommen offen, keinerlei Vorleistungen werden erwartet. Ach, dass doch jeder Leser dieser Zeilen in die offenen Arme des „Vaters" fliehen möge – an Sein Herz! Und dass er es jetzt, augenblicklich, täte! Dann würde auch er vorbehaltlos angenommen, würde im Weiteren auch das erleben, was im Vorbild mit dem verlorenen, aber wiedergefundenen Sohn nun geschah.

Im Haus des Vaters

Dieselbe Liebe, die den verlorenen Sohn in seinem elenden Zustand aufnahm, bringt ihn nun in das Haus des Vaters. Aber dazu muss etwas geschehen: „Bringt schnell das beste Gewand her, und zieht es ihm an, und tut einen Ring an seine Hand und Sandalen an seine Füße." Jetzt, da es nicht allein um die Annahme, um die Vergebung der Sünden geht; jetzt, da der Sohn in das Haus des Vaters, das heißt in die innige Gemeinschaft mit ihm und seinem „Haushalt", gebracht werden soll, muss er mit dem besten Gewand, das der Vater für ihn hat, bekleidet werden.

Dieses beste Gewand hatte der Sohn zuvor nie getragen. Es ist, ebenso wie der Ring und die Sandalen, die nur die *Kinder* des Hauses trugen, ein Zeugnis von der Beziehung der Gnade, in die er nun eingeführt ist. Nicht als Knecht sollte er in dem Haus des Vaters sein: Es wäre eine beständige Erinnerung an seine Sünde gewesen. Nein, als *Sohn* soll er dort sein. Er soll in dem Haus des Vaters ein beständiges Zeugnis davon sein, was der Vater in seiner Liebe und Gnade ist, was er über seinen wieder gefundenen Sohn denkt und welche Freude es für ihn ist, ihn so zu ehren.

Wunderbare Gnade Gottes! Sie bekleidet uns mit Christus. Sie befreit uns nicht nur von unseren Lumpen, sondern sie zieht uns Christus an. Das beste Gewand, das Gott für uns hat, ist Sein eigener Sohn, ist Christus, den Er für Sünder in den Tod gab. Gott hat uns nicht nur um des Namens Seines Sohnes willen die Sünden vergeben (1. Joh 2, 12), sondern wir sind auch in Ihm „Gottes Gerechtigkeit" geworden (2. Kor 5, 21). Das sind in der Tat unermessliche Wahrheiten, und sie haben – lasst uns das beachten! – letztendlich die Verherrlichung Seines Sohnes zum Ziel. Doch darüber werden wir an anderer Stelle mehr hören.

Aber das ist noch nicht alles, ist noch nicht genug. „Bringt das gemästete Kalb her, und schlachtet es, und lasst uns essen und fröhlich sein." Auch das gemästete Kalb ist ein Bild von Christus – als der Speise Seines Volkes. Gott hat Seine tiefe Freude an der Person und dem Opfer Seines Sohnes, unseres Herrn; und wir sind gewürdigt, schon jetzt diese Freude mit Ihm zu teilen. Das wird uns hier in den Worten „Lasst uns essen und fröhlich sein" vorgebildet.

Natürlich ist die Freude des Vaters an Seinem Sohn Jesus Christus vollkommen; die unsere ist, was ihren praktischen Genuss angeht, sehr mangelhaft. Doch dem Grundsatz nach ist es dieselbe Freude: die Freude des Vaters über den Sohn. Das ist in der Tat *Gemeinschaft,* in der wir uns im ›Haus des Vaters‹, dem Bereich der Segnungen, in den wir durch die Gnade Gottes gekommen sind, erfreuen dürfen. „Und zwar ist unsere Gemeinschaft mit dem Vater und mit seinem Sohn Jesus Christus", und der Apostel Johannes fügt hinzu: „Und dies schreiben wir euch, damit eure Freude völlig sei" (1. Joh 1, 3.4). Auch in unserem Gleichnis ist das Ergebnis der Gemeinschaft mit dem Vater und seinem Sohn *Freude:* „Und sie fingen an, fröhlich zu sein." Es ist eine gemeinsame Freude, es ist die Freude der Gemeinschaft.

Von dieser Freude hören wir, dass sie *begann;* aber wir hören nichts von ihrem *Ende.* Wir erfahren den Anlass für diese Freude und den Zeitpunkt ihres Beginnes, aber mehr wird uns darüber nicht gesagt. Es ist, als wollte der Herr es unserem Glauben und geistlichen Verständnis überlassen, die Schlussfolgerung zu ziehen, dass sie *nie enden wird.* Tatsächlich wird sie nie enden. Sie wird ihre volle Erfüllung im Himmel finden, wenn wir das „Lamm, wie geschlachtet", sehen und anbeten werden (Off 5).

„Denn dieser mein Sohn war tot und ist wieder lebendig geworden, war verloren und ist gefunden worden." Beachten wir den Ausdruck des Herrn: Der Sohn war *tot* gewesen. Ich weise darauf besonders hin, weil wir uns an geeigneter Stelle näher damit befassen wollen. Der Sohn war, obwohl er lebte, tot – tot für den Vater. So ist der Mensch in der Gottesferne *tot für Gott.* Aber durch die Gnade Gottes war der Sohn zu neuem Leben erweckt worden; er war „aus dem Tode in das Leben übergegangen" (Joh 5,24).

Der selbstgerechte Mensch

Freude und Fröhlichkeit erfüllten das Haus des Vaters. Aber in den Versen 25–32 von Lukas 15 zeigt uns der Herr Jesus eine andere Szene, und wir sehen, wie sich draußen am Horizont unversehens dunkle Wolken auftürmen.

Der ältere Bruder kommt vom Feld nach Hause und hört Musik und Reigen. Er erkundigt sich nach dem Grund dafür, und man sagt ihm: „Dein Bruder ist gekommen, und dein Vater hat das gemästete Kalb geschlachtet, weil er ihn gesund wiedererhalten hat" (Vers 27). „Dein Bruder", „dein Vater", diese Ausdrücke hätten liebliche Gefühle in ihm erwecken sollen, aber das Gegenteil ist der Fall: Zorn und Widerstand steigen in ihm empor. Er ärgert sich und will nicht hineingehen. Warum eigentlich nicht?

Er war ein selbstgerechter Mann. Der Herr Jesus benutzt ihn als Bild für all jene Menschen, die ohne lebendige Verbindung mit Gott sind, die aber meinen, in ihrer eigenen Gerechtigkeit vor Gott hintreten zu können.

Dieser ältere Sohn murrte gegen die Gnade, die der Vater dem jüngeren Bruder gegenüber erwiesen hatte. Die Pharisäer und Schriftgelehrten waren von derselben Art. Auch sie hatten sich daran gestoßen, dass der Herr Jesus Sünder aufnahm und mit ihnen aß. Sie selbst gingen nicht in das Reich der Himmel hinein, und die hineingehen wollten, hinderten sie daran (Mt 23,13).

„Er aber wurde zornig und wollte nicht hineingehen" – das ist immer die Haltung der selbstgerechten Juden gewesen. Als später Paulus das Wort der Gnade Gottes verkündigte, waren die Juden seine beständigen Widersacher. Ein Beispiel dafür sei aus der Apostelgeschichte angeführt: „Als aber die Juden die Volksmengen sahen, wurden sie von Eifersucht erfüllt und widersprachen dem, was von Paulus geredet wurde, und lästerten" (Kap. 13, 45).

Der Selbstgerechte hat kein Herz für die Güte Gottes zu Verlorenen. Er hasst die Gnade, weil er sie nicht will, weil er sie nicht kennt, weil er meint, sie nicht nötig zu haben. Deswegen hat er auch kein Teil an der Freude der Gnade, sie ist ihm unerträglich.

Durch die Tatsache, dass der ältere Sohn „auf dem Feld" war, deutet der Herr Jesus an, dass der religiöse, selbstgerechte Mensch nicht nur fern vom ›Vaterhaus‹, sondern auch ein tätiger Mensch ist, der sich den Himmel auf irgendeine Art „verdienen" will. Die Sprache des Sohnes unterstreicht das noch: „Siehe, so viele Jahre diene ich dir, und niemals habe ich ein Gebot von dir übertreten." Ungezählte Menschen, die sich eines christlichen Bekenntnisses rühmen und Gott durch eigene Bemühungen zufrieden zu stellen suchen, stehen auf diesem Boden der Selbstzufriedenheit und der Selbstgerechtigkeit.

Auch die Juden, die unter Gesetz standen, nahmen diesen Boden ein. Sie waren als Nation, ja als einzige Nation auf der Erde, durch eine äußere Erlösung in eine äußere Beziehung zu Gott gekommen. Das ist auch der Grund, warum der Vater zu seinem älteren Sohn, der sie verkörpert, sagt: „Kind, du bist allezeit bei mir, und all das Meine ist dein" (Lk 15, 31). Dieser ältere Sohn steht also für alle jene bedauernswerten Menschen, die da meinen, der Gnade Gottes nicht zu bedürfen und aufgrund eigener Werke vor Gott stehen zu können.

Trotz des gütigen Eindringens des Vaters auf ihn ist er nicht zu bewegen, seine Haltung aufzugeben. Aufgebläht von guten Gedanken über sich selbst, ist er zornig und macht dem Vater den Vorwurf, ihm hätte er nie ein Böcklein gegeben, damit er mit seinen Freunden fröhlich sein könnte. „Mit seinen Freunden", nicht mit seinem Vater! Wie bezeichnend ist das! Ist die Freundschaft der Welt nicht Feindschaft gegen Gott (Jak 4, 4)? So erkühnt sich der Selbstgerechte, gegen Gott selbst das Wort zu nehmen, Sein Tun zu verurteilen und Ihm Ungerechtigkeit vorzuwerfen. Sich selbst aber sieht er als jemand, der Ihm schon viele Jahre gedient hat und der niemals ein Gebot Gottes übertreten hat.

Solltest du, mein lieber Leser, noch auf diesem Boden stehen? Solltest du der Ansicht sein, dass Gott mit dir durchaus zufrieden sein könne, weil du „auf dem Feld" christlicher Nächstenliebe so viele gute Werke tust, weil du immer bestrebt warst, „edel zu sein, hilfreich und gut"? Oh, dann brauchst du keinen Heiland. Nein, DU nicht! Denn der Herr Jesus ist nicht gekommen, Gerechte zu rufen, sondern Sünder. Bedenke aber dieses: Der ältere, selbstgerechte Sohn hat nie – was die Schilderung unseres Gleichnisses anbelangt – das Vaterhaus betreten.

Ziehst du es wirklich vor, *draußen* zu bleiben, für immer draußen? „Draußen sind die Hunde und die Zauberer und die Hurer und die Mörder und die Götzendiener und jeder, der die Lüge liebt und tut" (Off 22, 15). Zwar redet hier der Herr Jesus nicht vom Gericht, weil Er in diesem Gleichnis den Tag der Gnade beschreibt. Aber seien wir versichert: Wer die Gnade verwirft, wird am Tag des Gerichts verdammt werden.

Komm doch dahin, deine vermeintlichen Gerechtigkeiten so zu sehen, wie Gott sie sieht – als ein „unflätiges Kleid" (Jes 64, 6)!

Gern wenden wir den Blick von diesem älteren Sohn ab und sehen noch einmal auf den einst verlorenen und jetzt wieder gefundenen jüngeren Sohn: Bekleidet mit dem besten Gewand, *hat* er das Vaterhaus betreten, um es nie wieder zu verlassen.

Unendlich glückseliges Teil: AUS DER FREMDE IN DES VATERS HAUS gebracht zu sein, wo Fülle von Freuden ist – und das für ewig!

Von der Landstraße zum Hochzeitssaal

IM ERSTEN KAPITEL dieses Buches hatten wir unter dem Gleichnis vom ›verlorenen Sohn‹ gesehen, wie Gott den verlorenen Menschen aus der Fremde und Gottesferne zu Sich in Seine Nähe, in Sein ›Haus‹ bringen will. Dem zweiten Kapitel liegt ebenfalls ein Gleichnis des Herrn Jesus zugrunde, das Gleichnis von dem ›König, der seinem Sohn Hochzeit machte‹. Wenn auch der Blickwinkel ein anderer ist, so ist der Grundgedanke doch derselbe: Gott will den Menschen von draußen zu Sich in Seine Gegenwart bringen – ›von der Landstraße zum Hochzeitssaal‹.

„Und Jesus hob an und redete wiederum in Gleichnissen zu ihnen und sprach: Das Reich der Himmel ist einem König gleich geworden, der seinem Sohn die Hochzeit ausrichtete. Und er sandte seine Knechte aus, die Geladenen zur Hochzeit zu rufen; und sie wollten nicht kommen. Wiederum sandte er andere Knechte aus und sprach: Sagt den Geladenen: Siehe, mein Mahl habe ich bereitet, meine Ochsen und das Mastvieh sind geschlachtet, und alles ist bereit; kommt zur Hochzeit.

Sie aber kümmerten sich nicht darum und gingen hin, der eine auf seinen Acker, der andere an seinen Handel. Die Übrigen aber ergriffen seine Knechte, misshandelten und töteten sie. Der König aber wurde zornig und sandte seine Heere aus, brachte jene Mörder um und setzte ihre Stadt in Brand. Dann sagt er zu seinen Knechten: Die Hochzeit ist zwar bereit, aber die Geladenen waren nicht würdig; so geht nun hin auf die Kreuzwege der Landstraßen, und so viele irgend ihr findet, ladet zur Hochzeit. Und jene Knechte gingen hinaus auf die Landstraßen und brachten alle zusammen, die sie fanden, sowohl Böse als Gute. Und der Hochzeitssaal füllte sich mit Gästen.

Als aber der König hereinkam, um sich die Gäste anzusehen, sah er dort einen Menschen, der nicht mit einem Hochzeitskleid bekleidet war. Und er spricht zu ihm: Freund, wie bist du hier hereingekommen, da du kein Hochzeitskleid anhast? Er aber verstummte. Da sprach der König zu den Dienern: Bindet ihm Füße und Hände, und werft ihn hinaus in die äußerste Finsternis: Dort wird das Weinen und das Zähneknirschen sein. Denn viele sind Berufene, wenige aber Auserwählte" (Mt 22, 1–14).

Wieder haben wir ein Gleichnis aus dem Mund des Herrn Jesus vor uns, und wieder schildert Er uns in Seiner Weisheit den Weg, auf dem der von Gott entfremdete und entfernte Mensch zu Gott kommen kann. Aber der Rahmen oder der Hintergrund des uns hier gezeigten Bildes ist völlig anders.

Es ist ein besonderer Zug in der Berichterstattung durch Matthäus, dass er die Dinge oder Ereignisse nicht chronologisch, das heißt nicht der Zeit nach, zusammenstellt, sondern so, dass gewisse *Epochen* im Handeln Gottes mit dem Menschen sichtbar werden. Da dies für das Verständnis der Gedanken Gottes sehr wichtig ist, wollen wir, bevor wir auf unser Gleichnis eingehen, ein wenig bei diesem Gegenstand verweilen.

Die Wege Gottes mit dem Menschen

In den verschiedenen Epochen der Menschheitsgeschichte hat Gott auf unterschiedliche Art und Weise mit dem in Sünde gefallenen Menschen gehandelt, um ihn zu Sich zurückzubringen. Er erprobte ihn auf jede Weise, ob irgendetwas Gutes in ihm wäre, das Er gebrauchen und annehmen könnte. Er erprobte ihn ohne Gesetz, und Er erprobte ihn durch das Gesetz. Natürlich wusste Gott, was in dem Menschen ist, der Mensch jedoch wusste und weiß es nicht. Zudem ist der Mensch Gott verantwortlich, und Gott hat Ansprüche an ihn. Er erhebt Anspruch auf Gehorsam, auf Dank und Verherrlichung seitens Seines Geschöpfes (Röm 1, 21). Auf der Grundlage dieser Verantwortlichkeit und dieser Ansprüche stellte Gott den Menschen auf die Probe, damit dieser dahin käme, sich selbst als verderbt und verloren zu erkennen und sich ganz auf Gott und Seine rettende Gnade zu werfen.

Wir sehen dieses Handeln Gottes mit dem Menschen besonders deutlich am Beispiel Israels, des Volkes Gottes vor alters. Aus allen Völkern hatte Er sich dieses Volk erwählt, um es durch ein gutes Gesetz zu leiten und zu segnen, wenn es Ihm gehorchte. Durch dieses Gesetz sonderte Er das Volk Israel auch von den Gräueln und dem Götzendienst der übrigen Nationen ab, damit es Ihm allein Anbetung brächte und Fülle von Segnung, irdischer Segnung, bekäme. Er machte sich viel Mühe um Seinen „Weinberg", um Israel, und „er erwartete, dass er Trauben brächte, aber er brachte Herlinge" (Jes 5, 2).

Diesen Gedanken greift der Herr Jesus auf und erzählt das Gleichnis von dem ›Hausherrn, der einen Weinberg pflanzte‹; und es ist nicht von ungefähr, dass Matthäus dieses Gleichnis dem Gleichnis vom ›König, der seinem Sohn Hochzeit machte‹, direkt voranstellt (lies Kapitel 21, 33 ff). Tatsächlich sind diese beiden Gleichnisse nicht nacheinander gesprochen worden. Aber sie stehen nicht zufällig beieinander, denn sie zeigen einen gewissen Gegensatz oder einen **Wandel** im Handeln Gottes mit dem Menschen: Im ersten Gleichnis *sucht* Gott, im zweiten *gibt* Er. Das erste zeigt uns das Handeln Gottes mit dem Menschen unter Gesetz, das zweite Sein Handeln mit ihm in Gnade. Doch um das zweite besser verstehen und würdigen zu können, müssen wir wenigstens kurz auf das erste eingehen.

Ein Hausherr (Gott) pflanzte sich einen Weinberg (Israel) und gab sich viel Mühe um ihn. Er verpachtete ihn an Weingärtner (die Führer des Volkes) und reiste außer Landes, das heißt, er überließ den Bereich der Segnung der Verantwortlichkeit des Menschen. Um seine Früchte zu empfangen, sandte er zur gegebenen Zeit seine Knechte, die Propheten. Die aber wurden, wie auch Stephanus in Apostelgeschichte 7, Vers 52, sagt, verfolgt und getötet. Anderen, später gesandten Knechten erging es ebenso. „Zuletzt aber sandte er seinen Sohn zu ihnen und sagte sich: Sie werden sich vor meinem Sohn scheuen! Als aber die Weingärtner den Sohn sahen, sprachen sie untereinander: Dieser ist der Erbe; kommt, lasst uns ihn töten und sein Erbe in Besitz nehmen! Und sie nahmen ihn, warfen ihn zum Weinberg hinaus und töteten ihn" (Mt 21, 37–39). Der Mensch im Allgemeinen und der Jude im Besonderen enthielt nicht nur Gott das vor, was Ihm gebührte – Ehrerbietung, Gehorsam –, sondern er erwies sich auch als Feind Gottes.

Wie es uns das Gleichnis klarmacht, war es keine Frage der Unwissenheit. Sie erkannten vielmehr den Sohn, als Er als Mensch auf diese Erde kam und hier vollkommen die Güte Gottes offenbarte, und – töteten Ihn. „Jetzt aber haben sie gesehen und doch gehasst sowohl mich als auch meinen Vater" (Joh 15, 24), musste der Herr Jesus am Ende Seines Lebens der Liebe sagen. Welch ein erschreckendes Gemälde vom Menschen! Der Mensch will die Gegenwart des Sohnes Gottes nicht, er will diese seine Welt ohne Ihn haben. Ja, er hasst Gott.

Vielleicht sagt jemand, dass es ja das Volk der Juden war, das dies getan hat. Das ist unbedingt wahr. Im letzten Teil des 21. Kapitels macht der Herr auch klar, dass sie die Folgen ihres Tuns tragen müssten. „Sein Blut komme über uns und über unsere Kinder!" hat sich an diesem Volk schon furchtbar erfüllt und wird sich noch furchtbarer erfüllen. Sie würden sich nicht nur an dem „Stein" (Christus) stoßen, sondern dieser Stein würde auf sie fallen und sie zermalmen.

Doch seien wir versichert, die „christliche" Welt würde Ihn heute, käme Er noch einmal in Niedrigkeit auf diese Erde, genauso behandeln und hinauswerfen wie damals das Volk der Juden. Die Welt will den Herrn Jesus nicht, auch die Welt von heute nicht!

Tatsächlich stößt sie Ihn in ihren Gedanken ständig hinaus. Der Mensch ist stets derselbe, ob er äußerlich Jude oder Christ ist. Er hat sich als Feind Gottes erwiesen. Denn weiter konnte seine Feindschaft gegen Gott nicht gehen, als dass er Seinen Sohn, als Er hier war, hinausstieß und tötete.

Was würde Gott nun tun? Wenn sich der Mensch, unter *Verantwortung* gestellt, derart versündigte und den Sohn Gottes mit Füßen trat, was war dann zu tun? War nun alles für immer verloren? – Unfassbare Gnade Gottes! Er würde etwas Neues beginnen, würde Wege der *Gnade* beschreiten, um nicht nur Israel, sondern auch die Nationen zu erreichen. Er würde nicht länger Frucht vom Menschen fordern, obwohl Er dazu das Recht hat. Aber im Evangelium fordert Gott nicht, sondern Er gibt. „Geben ist seliger als Nehmen", hat einmal der Heiland gesagt (Apg 20,35). Es ist ein vollständiger Wandel in den Wegen Gottes. Davon spricht nun der Herr Jesus in dem Gleichnis von dem ›König, der seinem Sohn Hochzeit machte‹.

Das Reich der Himmel

Dieses Neue, das Gott tun wollte, wird im *Reich der Himmel* kundgetan, und es ist bezeichnend, dass der Herr in diesem Gleichnis dieses Reich vorstellt. Das vorhergehende war kein Gleichnis vom Reich der Himmel, sondern von Israel unter dem mosaischen Gesetz. Es ist nun wichtig, dass wir Verständnis darüber zu erlangen suchen, was das ›Reich der Himmel‹ bedeutet, um weiter in die Gedanken Gottes eingeführt zu werden. Denn tatsächlich besteht selbst unter Kindern Gottes viel Unklarheit hierüber.

Andere übersetzen ungenau „Himmelreich". Das mag dazu Anlass gegeben haben, dass viele darunter den Himmel selbst verstehen. Andere wieder meinen, es sei ein bildhafter Ausdruck der Kirche, der Versammlung Gottes. Nun, beides ist unzutreffend.

Ein Jude war mit dem Ausdruck ›Reich der Himmel‹ gut vertraut. Er war (besonders durch den Propheten Daniel) darüber belehrt, dass es auf der Erde eine hier anerkannte „Regierung der Himmel" geben würde. Als Johannes der Täufer, der direkte Vorläufer des Herrn, seinen Auftrag erfüllte, verkündigte er dementsprechend das Reich der Himmel als „nahe gekommen" (Mt 3). Auch der Herr selbst (Mt 4) und Seine Jünger (Mt 10) verkündigten es so; und hätte Israel Ihn als den verheißenen Messias angenommen, so hätte Er dieses Reich hier in Macht errichtet.

Aber Christus wurde, wie wir das schon in dem vorhergehenden Gleichnis gesehen haben, abgelehnt und verworfen. Dennoch gab Gott den Gedanken

Seines Reiches nicht auf, aber Er gab dem Reich für die jetzige Zeit einen neuen, einen geheimnisvollen Charakter, den die Propheten des Alten Testamentes nicht vorhergesagt hatten. Statt in offenbarer Macht und Herrlichkeit zu herrschen (was Er später tun wird), sollte Sein Christus jetzt (das heißt in der Zeit nach dem Kreuz und vor Seinem Herrschen in Macht) in verborgener Weise Seinen Einfluss vom Himmel her auf einen gewissen Bereich hier auf der Erde geltend machen. Wohin immer sich auf der Erde der Einfluss des im Himmel weilenden Königs erstreckt, dort ist das Reich der Himmel. Ob der Einfluss unter den Menschen wahre Buße und Bekehrung hervorruft oder nur die Annahme eines christlichen Bekenntnisses – es ist das Reich der Himmel.

Das Reich der Himmel heute ist also jener Bereich auf der Erde, wo das Bekenntnis zum Christentum aufrechtgehalten wird, sei dieses Bekenntnis echt oder rein äußerlich. Wer irgend sich zum Christentum bekennt, und sei es auch nur äußerlich, gehört zum Reich der Himmel, zur Christenheit. Das Reich der Himmel ist eine gemischte Sache geworden, Gute und Böse sind nebeneinander, Weizen und Unkraut auf einem Feld. Zu Anfang aber war es nicht so: Der ›Mensch‹ hatte nur guten Samen auf seinen Acker gesät (Mt 13,24ff). Aber unter dem Einfluss Satans und durch die Untreue des Menschen ist das Reich zu dem geworden, was es heute, von außen betrachtet, ist: ein *gemischtes* System. Dennoch ist das Reich der Himmel jener Bereich auf der Erde, wo Gott Seine Gnade in unfassbarer Weise offenbart – eine Gnade, die den wahren Söhnen des Reiches unermessliche himmlische Segnungen schenkt. Das zeigt uns unser Gleichnis.

Die Gedanken des Königs über seinen Sohn

Die meisten Menschen haben keine hohen Gedanken über Jesus Christus. Gott aber hat hohe, sehr hohe Gedanken über Seinen Sohn. Wenn die Menschen Seinen Sohn erniedrigen, Er erhöht Ihn. Wenn die Menschen Seinen Sohn verwerfen, Er nimmt Ihn an und setzt Ihn zu Seiner Rechten. Wenn die Menschen Seinen Sohn nicht ehren, Er ehrt und verherrlicht Ihn.

Das ist der tiefe Beweggrund für das Tun Gottes. Es ist der eigentliche Grund für den Wandel in Seinem Handeln mit den Menschen, für die überreiche Gnade, die Er nun den Menschen entgegenbringt. Es sind nicht in erster Linie die Bedürfnisse des sündigen Menschen, die Gott so handeln lassen. Natürlich sind sie vorhanden, und es muss ihnen entsprochen werden. Aber der erste Gedanke Gottes ist dies: Er verherrlicht Seinen Sohn. „Der Vater liebt den Sohn und hat alles in seine Hand gegeben" (Joh 3, 35).

Das wird uns in unserem Gleichnis sofort zu Anfang deutlich gemacht. Der König machte seinem Sohn Hochzeit. Der „König der Zeitalter", der „unvergängliche, unsichtbare, alleinige Gott" (1. Tim. 1, 17) handelt zu Ehren Seines Sohnes. Er will, dass Sein Sohn von Hochzeitsgästen umgeben werde, die Seiner würdig sind. Und sind diese für Seine Gegenwart nicht passend, dann will Er sie passend machen, damit Sein Sohn geehrt werde, „damit er der Erstgeborene sei unter vielen Brüdern" (Röm 8, 29). Das ist der große Gedanke Gottes, den Er in Seinem Evangelium über Seinen Sohn niedergelegt hat. Gepriesen sei Sein herrlicher Name!

Die Einladung des Königs

Um seinen Vorsatz in die Tat umzusetzen, sendet nun der König seine Knechte aus, „die Geladenen zur Hochzeit zu rufen" (Mt 22, 3). Wer würde wohl solch eine hehre Einladung ausschlagen? Aber ach, die Geladenen wollten nicht kommen! Hier wird eine weitere erschütternde Tatsache sichtbar: Nicht nur weigert sich der Mensch, Gott das zu *geben,* was Ihm gebührt, sondern er lehnt es auch ab, das *anzunehmen,* was ihm Gott in Seiner Güte anbietet. Das ist ein wahres Bild des natürlichen Herzens – eine wahrhaft demütigende Wahrheit.

Die Juden zu den Lebzeiten des Herrn auf der Erde waren die ›Geladenen‹. An sie ließ Gott die Einladung „Kommt zur Hochzeit!" ergehen. Wir sehen diese **erste Sendung** Seiner Knechte zum Beispiel in Matthäus 10 vorgestellt, wo der Herr die zwölf Apostel in die Städte Israels aussendet. Diese Sendung war *vor dem Kreuz.* Wie gnädig handelte doch Gott mit ihnen! Gerade sie, die sich in den vorausgegangenen Jahrhunderten immer wieder gegen Ihn empört hatten, bis Er sie schließlich in die Gefangenschaft nach Assyrien und Babylonien führen musste, gerade sie waren die besonders ›Geladenen‹, gerade an sie erging die Einladung der Gnade Gottes, als Sein Sohn auf der Erde weilte.

In diesem Zusammenhang ist ein Vers aus dem zweiten Korintherbrief von Bedeutung: „Gott war in Christus, die Welt mit sich selbst versöhnend, ihnen ihre Übertretungen nicht zurechnend" (Kap. 5,19). Christus war auf dieser Erde, und in Ihm war Gott hier. Aber Gott war nicht herabgekommen, um jetzt die Welt zu richten (Er wird das später tun), sondern um den Menschen mit Sich zu versöhnen. Christus war in Gnaden hier und ließ gerade dem abtrünnigen

Volk der Juden die Botschaft verkündigen: „Tut Buße, denn das Reich der Himmel ist nahe gekommen" (Mt 3,2; 10,7).

Aber die ›Geladenen‹ wollten nicht kommen. Sie brachten den Christus Gottes um. „Ihr aber habt den Heiligen und Gerechten verleugnet und gebeten, dass euch ein Mann, der ein Mörder war, geschenkt würde; den Urheber des Lebens aber habt ihr getötet, den Gott aus den Toten auferweckt hat, wovon wir Zeugen sind", sagte Petrus später zu diesem Volk (Apg 3,14.15).

Nach dem Kreuz

Aber selbst diese Niederträchtigkeit des Menschen kann Gott nicht davon abhalten, Seinen Vorsatz auszuführen. Er will Seinem Sohn Hochzeit machen. Davon kann Ihn auch die Bosheit des Menschen nicht abbringen. Und so sandte Er, wie uns der vierte Vers unseres Gleichnisses in Matthäus 22 sagt, wiederum andere Knechte aus

> *„und sprach: Sagt den Geladenen: Siehe, mein Mahl habe ich bereitet, meine Ochsen und das Mastvieh sind geschlachtet, und alles ist bereit; kommt zur Hochzeit" (Vers 4).*

Zwischen dem dritten und vierten Vers müssen wir uns die Kreuzigung und die Auferstehung Christi vorstellen. Sie werden zwar in dem Gleichnis nicht dargestellt, aber sie liegen zwischen den beiden Versen, wie wir sogleich sehen werden.

Diese **zweite Sendung** Seiner Knechte richtet sich – oh welche Gnade! – wieder an die ›Geladenen‹, wieder an das jüdische Volk. Hatten sie das verdient? Hatten sie nicht eben erst Seinen Sohn getötet? In unfassbarer Gnade ließ Er diesem widerspenstigen Volk, nachdem der Herr Jesus gekreuzigt, auferstanden und in den Himmel gegangen war, noch einmal die Botschaft der Gnade zukommen: „Kommt zur Hochzeit."

Geschichtlich gesehen, wird uns diese zweite Einladung an Israel in den ersten Kapiteln der Apostelgeschichte gezeigt. Die erste Einladung, das heißt die Predigt des Reiches durch die Zwölf, endete mit dem 12. Kapitel des Matthäus-Evangeliums, wie ein genaueres Studium dieses Buches klarmacht. Aber nach dem Kreuz wurde für kurze Zeit die Predigt des Reiches noch einmal aufgenommen. Mit ihr verband Gott die Verheißung, Vergebung der Sünden und Zeiten der Erquickung zu geben: „So tut nun Buße und bekehrt euch, dass eure Sünden ausgetilgt werden, damit Zeiten der Erquickung kommen vom Angesicht des Herrn" (Apg 3,19.20).

Kein Heide hörte diese Predigt des Petrus. Sie war auch nicht für die Nationen bestimmt. An die ›Geladenen‹ richtete sich diese *zweite Einladung nach dem Kreuz,* an die Juden in Jerusalem, wie der Zusammenhang deutlich macht. Ich betone das ausdrücklich, weil viele falsche Lehren in dem Nicht-Verstehen dieser Tatsache ihre Ursache haben. Kornelius, der römische Hauptmann, war nach dem Zeugnis der Schrift „fromm und gottesfürchtig mit seinem ganzen Haus" (Apg 10,2), und „das Wort, das er (Gott) den Söhnen Israels gesandt hat, Frieden verkündigend durch Jesus Christus", *kannte* er (Verse 36.37). Er war also mit der Friedensbotschaft Gottes an Israel durchaus vertraut, aber er wagte nicht – nach dem Stand der Dinge mit Recht! –, sie für sich selbst in Anspruch zu nehmen. Sie war bislang nur an die „Söhne Israels" gerichtet.

Was Gott bereitet hat

Wir haben bis jetzt ein wichtiges Wort in der zweiten Einladung noch nicht erwähnt, auf dessen Bedeutung ich kurz eingehen möchte: „Siehe, mein Mahl habe ich *bereitet* ... und alles ist *bereit;* kommt zur Hochzeit" (Mt 22,4). Dieses *„alles ist bereit"* fehlte bei der ersten Einladung. Das nötigt uns den schon erwähnten Schluss auf, dass zwischen der ersten Sendung der Knechte und der zweiten das Kreuz steht: Der Herr Jesus hatte in der Zwischenzeit das Werk der Erlösung vollbracht.

Ehe dieses Werk vollendet war, konnte Gott nicht sagen: „Alles ist bereit." Erst musste Christus den Sühnungstod, die Strafe für unsere Sünden stellvertretend erdulden, erst musste Er aus den Toten auferstehen und in den Himmel gehen, ehe Gott das Reich der Himmel in dem zuvor beschriebenen Charakter errichten und sagen konnte, dass alles bereit sei. Jetzt aber, geliebte Freunde, ist alles bereit; und was das wirklich bedeutet, für uns bedeutet, werden wir sogleich genauer sehen. Im Augenblick sei jedoch nur an das kostbare Wort aus dem ersten Brief an die Korinther erinnert, wo der Apostel Paulus den Propheten Jesajas zitiert: „Was kein Auge gesehen und kein Ohr gehört hat und in keines Menschen Herz aufgekommen ist, was Gott *bereitet* hat denen, die ihn lieben" (Kap. 2, 9).

Ehe wir uns jedoch mit diesem kostbaren Gegenstand näher beschäftigen, müssen wir noch sehen, welche Antwort die ›Geladenen‹ auf die zweite Einladung des ›Königs‹ gaben.

Die Verwerfung der Gnade

> *„Sie aber kümmerten sich nicht darum und gingen hin, der eine auf seinen Acker, der andere an seinen Handel. Die Übrigen aber ergriffen seine Knechte, misshandelten und töteten sie"* (Mt 22,5.6).

Hier sehen wir die erschütternde Antwort der Juden in der Zeit nach dem Kreuz: Sie wollten die Gnade Gottes nicht. Sie schickten gleichsam noch die „Gesandtschaft" hinter dem Gekreuzigten (aber in den Himmel Aufgefahrenen) her und ließen Ihm sagen: „Wir wollen nicht, dass dieser über uns herrsche" (Lk 19,14).

Nein, sie „kümmerten sich nicht" um die Pläne des ›Königs‹, der Seinem Sohn Hochzeit machen wollte. Was bedeutete ihnen schon dieser Sohn! Sie hassten Ihn. Sie hatten Ihn gehasst, als Er bei ihnen gewesen war; und sie hassten Ihn, da Er jetzt im Himmel war. Mehr kann in der Tat nicht gezeigt werden, was das menschliche Herz ist: Der Mensch hasst nicht nur die Heiligkeit Gottes, er hasst auch Seine Güte.

In den obigen Versen werden **zwei verschiedene Charaktere** nicht nur von Juden, sondern von Menschen allgemein sichtbar. Zwar verwerfen sie beide die Gnade Gottes. Aber der fünfte Vers zeigt uns die Gruppe derer, die ihre Interessen in der Welt haben, die sich überhaupt nicht um den Herrn Jesus kümmern. Es ist die Gruppe der *Gleichgültigen,* die hier ihren Acker und ihren Handel haben. Alles andere interessiert sie nicht. Erhalten solche eine Einladung zu einer Evangelisation, so haben sie grundsätzlich keine Zeit. Sie haben nie Zeit. Sie haben Wichtigeres zu tun, als sich Predigten anzuhören.

Lukas zeigt uns noch weit detaillierter, was die Menschen so alles an Entschuldigungen hervorbringen, um nur nicht der Einladung Gottes folgen zu müssen (vgl. Lk 14,18ff). „Sie fingen alle ohne Ausnahme an, sich zu entschuldigen."

Gehört vielleicht einer meiner geschätzten Leser noch zu dieser Gruppe? Lass dich warnen! Du wirst einmal Zeit genug haben, um über deine Torheit nachzudenken. Und bedenke: Wenn du auch nur aus Gleichgültigkeit die Gnade Gottes verwerfen magst, du verwirfst sie aber. Das jedoch wird nie ungestraft bleiben, wie wir noch sehen werden.

In Vers 6 unseres Gleichnisses haben wir dann noch die Gruppe der *Gewalttätigen,* die die Boten Gottes verfolgen. Es sind dies zumeist, so seltsam das auf den ersten Blick klingen mag, religiöse Menschen, religiöse Führer, die ihren religiösen Ruf und ihre religiöse Stellung durch Christus und durch die Botschaft der Gnade gefährdet sehen. Sie bekämpfen aktiv die Knechte Gottes. Die Apostelgeschichte, diese vom Heiligen Geist selbst verfasste Geschichte der frühen christlichen Kirche, zeigt uns das ausführlich. Ob wir an die Verfolgung des Petrus, des Stephanus oder später des Apostels Paulus und seiner Mitarbeiter denken – stets richtete sich der Hass der religiösen Führer Israels gegen die Botschaft der Gnade, die einen verherrlichten Christus zum Ausgangspunkt und zum Inhalt hat.

So haben wir hier die große historische Tatsache, dass Jerusalem und die Juden als solche das Gnadenangebot Gottes ablehnten, das nach der Steinigung des Stephanus durch sie dann auch sein Ende fand. Seitdem wendet sich Gott – allen schwärmerischen Israel-Fanatikern zum Trotz – nicht mehr an das jüdische Volk als solches.

Das Gericht über Jerusalem

Die Verwerfung der Gnade Gottes hat unweigerlich Gericht zur Folge – zeitliches Gericht und ewiges Gericht. Wenn schon die Verletzung des Gesetzes Gottes ernste Strafe nach sich zog, wie viel mehr die Verachtung Seiner Gnade! Das macht der Herr in Seinen nächsten Worten deutlich.

> *„Der König aber wurde zornig und sandte seine Heere aus, brachte jene Mörder um und setzte ihre Stadt in Brand" (Mt 22,7).*

Ist es nicht bewundernswert, mit welch knappen, treffenden Worten der Herr Jesus das Schicksal der jüdischen Nation und die Zerstörung ihrer Stadt skizziert? Er kennt das Ende vor dem Anfang. Er redet als Der, vor dem die Zukunft wie ein aufgeschlagenes Buch liegt.

Es ist Torheit anzunehmen, man könne die Gnade Gottes ungestraft ablehnen und mit Gleichgültigkeit oder Feindschaft beantworten. „Der König aber wurde zornig." Er benützte die Heere der Römer als „seine Heere" und brachte jene um, die Er jetzt als „Mörder" Seines Sohnes bezeichnet. Auch Sein treuer Zeuge Stephanus sagte am Ende seiner herzerforschenden Rede vor dem jüdischen Synedrium: „Dessen Mörder ihr jetzt geworden seid" (Apg 7,52).

„Und er setzte ihre Stadt in Brand." Wie wörtlich ist diese Weissagung des Herrn in Erfüllung gegangen, als die Römer im Jahr 70 n. Chr. Jerusalem zerstörten! Es war auch für die gegenwärtige Zeit das Ende des Handelns Gottes mit Israel als Nation. Später wird Er wieder mit diesem Volk anknüpfen, wenn die wahre Kirche in den Himmel aufgenommen sein wird. In der gegenwärtigen Epoche jedoch, der Zeit der Gnade, ist Israel beiseitegesetzt und für Gott „Lo–Ammi", das heißt „Nicht-mein-Volk" (Hos 1, 9).

Das bedeutet natürlich nicht, dass Er den einzelnen Juden heute nicht retten wolle. Er will, dass *alle* Menschen errettet werden und zur Erkenntnis der Wahrheit kommen (1. Tim 2, 4). Auch der Jude heute kann und soll die Botschaft der Gnade annehmen; aber die Juden haben heute keine besonderen Vorrechte oder eine Vorrangstellung vor anderen. Das Gericht Gottes kam über sie und über ihre Stadt, und noch immer lastet es auf diesem Volk.

„Jerusalem, Jerusalem", hatte einst der Herr Jesus gesagt, „die da tötet die Propheten und steinigt die, die zu ihr gesandt sind! Wie oft habe ich deine Kinder versammeln wollen, wie eine Henne ihre Küken versammelt unter ihre Flügel, und *ihr habt nicht gewollt!* Siehe, euer Haus wird euch öde gelassen" (Mt 23, 37.38).

Der Heiland, der das namenlose Elend ihrer Bewohner vorhersah, weinte über diese Stadt, als Er sie auf Seinem letzten Weg nach Jerusalem noch einmal sah: „Wenn du doch erkannt hättest – und wenigstens an diesem deinem Tag –, was zu deinem Frieden dient!" (Lk 19, 42).

Was zu deinem Frieden dient! Hast du es schon für dich erkannt, werter Leser? Oder willst auch du einmal aus Seinem Mund das Wort hören: „Du hast

nicht gewollt!", und für ewig die Folgen deiner Verwerfung der Gnade tragen?

Dem Juden zuerst als auch dem Griechen

> *"Dann sagt er zu seinen Knechten: Die Hochzeit ist
> zwar bereit, aber die Geladenen waren nicht wür-
> dig; so geht nun hin auf die Kreuzwege der Land-
> straßen, und so viele irgend ihr findet, ladet zur
> Hochzeit. Und jene Knechte gingen hinaus auf die
> Landstraßen und brachten alle zusammen, die sie
> fanden, sowohl Böse als Gute"* (Mt 22, 8–10).

Gott hatte das Evangelium der Gnade den Juden zuerst und ihnen allein angeboten. Aber wenn sie es ablehnten, war dann Seine Gnade erschöpft? Tausend
Mal nein! Und Tausend Mal Dank! Wenn die Geladenen nicht kommen wollten, dann sendet Er Seine
Knechte noch einmal, zum dritten Mal, aus. Aber
jetzt sollten sie nicht zu einer bestimmten Personen-
gruppe, nur zu einem besonderen Volk gehen, sondern auf die Kreuzwege der Landstraßen sollten sie
gehen und *so viele sie irgend fanden* zur Hochzeit la-
den. Jetzt sollte der Ruf Seiner Gnade unterschiedslos an *alle* ergehen, sollte auch "den Griechen", das
heißt die aus den Nationen, erreichen. Das Evangeli-

um sollte Gottes Kraft zum Heil *jedem* Glaubenden werden, „sowohl dem Juden zuerst als auch dem Griechen" (Röm 1, 16).

Wunderbarer Ratschluss Gottes, der auch uns mit einschließt! Anbetungswürdige Gnade, die auch bis zu uns kam! Gott will Sein Haus zur Ehre Seines Sohnes voll von ›Gästen‹ haben, und wenn die besonders Begünstigten nicht kommen wollten, dann lässt Er Sein Evangelium auf die ›Landstraßen‹ zu jenen bringen, die keine Bündnisse der Verheißung besaßen, die ohne Christus waren, die keine Hoffnung hatten und ohne Gott in der Welt lebten (Eph 2, 12). Es geht jetzt nicht länger darum, *was der Mensch ist,* sondern darum, *was Gott ist.*

Das Evangelium richtet sich an den Menschen, wie er ist. Alle sind willkommen – sowohl Böse als Gute. Eine betende Lydia brauchte das Heil ebenso wie ein in Sünden versunkener Kerkermeister, ein frommer Kornelius ebenso wie ein sterbender Räuber. Sie alle hatten das Evangelium zum Heil nötig, und sie alle nahmen es im Glauben an.

„Und der Hochzeitssaal füllte sich mit Gästen." Zu Anfang unseres Gleichnisses hörten wir davon, dass der König seinem Sohn Hochzeit machen, sie ihm ausrichten wollte. Und nun hören wir, dass der Hochzeitssaal sich mit Gästen füllte. Beglückender Gedanke! Gott kommt zum Ziel, und selbst die Halsstarrigkeit des Menschen kann Seinen Vorsatz nicht durchkreuzen. Was auch immer dazwischenkommen mag, was für ein Abgrund von Bosheit auch dazwischenliegen mag – „der Hochzeitssaal füllte sich mit Gästen."

Aber noch etwas anderes ist notwendig. Darauf kommt der Herr Jesus nun zu sprechen.

Das Hochzeitskleid

> *„Als aber der König hereinkam, um sich die Gäste anzusehen, sah er dort einen Menschen, der nicht mit einem Hochzeitskleid bekleidet war. Und er spricht zu ihm: Freund, wie bist du hier hereingekommen, da du kein Hochzeitskleid anhast? Er aber verstummte" (Mt 22, 11.12).*

Die Herrlichkeit des Königs und die Ehre des Königssohnes erforderten, dass man nicht nur die Einladung des Königs *annahm,* sondern dass man für die Gegenwart des Königs auch *passend* war. Deswegen war ein Hochzeitskleid notwendig. Die Gäste benötigten es, und der König beschaffte es. Der König lud nicht nur in seiner großartigen Freizügigkeit die Gäste ein, sondern in seiner königlichen Freigebigkeit versorgte er sie auch mit dem Hochzeitsgewand, in dem sie vor ihm, seiner Herrlichkeit angemessen, erscheinen konnten. So war es Sitte im Orient. Jeder Gast war gehalten, dieses Gewand zu tragen. Wer würde es *nicht* anlegen, wenn er den König und seinen Sohn ehren wollte? Der König hatte nicht auf den Landstraßen nach solchen Ausschau halten lassen, die ein geeignetes Hochzeitskleid besaßen, um sie dann einzuladen. Auch war es nicht Sache der einzelnen Gäste, mit dem Kleid zu erscheinen, das *sie* gerade für passend hielten. Nein, es war ganz eine Frage der Großherzigkeit des Königs, der seinem Sohn Hochzeit machen und alles so bereiten wollte, wie es dessen Herrlichkeit angemessen war.

Wenn wir nun zu der Anwendung dieser Verse auf uns kommen wollen, so müssen wir zuerst beachten, dass wir diese Szene nicht in den Himmel verlegen dürfen. Leider ist das oft geschehen und hat schreckliche Irrlehren nach sich gezogen. Wie eingangs bemerkt, haben wir hier nicht ein Gleichnis vom Himmel vor uns, sondern vom *Reich der Himmel,* also vom Bereich der bekennenden Christenheit.

Wenn nun der König hereinkommt, um sich die Gäste anzusehen, so bedeutet das eben, dass Gott prüft, inwieweit das Bekenntnis des Einzelnen, zum Christentum zu gehören, der Wahrheit entspricht. Du bekennst, dass du ein Christ bist? Nun gut, Gott wird dein Bekenntnis prüfen, wird feststellen, ob du wirklich ein Christ bist. Dabei geht es in unserem

Gleichnis nicht darum, *wann* Er das tut, sondern darum, *dass* Er es tut.

Was ist nun das Merkmal, woran man jemand als einen wahren Christen erkennt? Dass er „Christus angezogen" hat (Gal 3, 27). Das ist das Hochzeitskleid – Christus. Es ist auch das „beste Gewand", das der Vater dem verlorenen Sohn in Lukas 15 gab.

Als Christus auf der Erde war, verherrlichte Er auf vollkommene Weise Seinen Gott und Vater bis zum Tod am Kreuz, den Er als Sühnung für unsere Sünden erlitt. Als Antwort darauf tut nun Gott zu Ehren Seines Sohnes etwas Wunderbares mit den Menschenkindern, die an Seinen Sohn glauben: Er *sucht* nicht nach etwas Gutem in ihnen; nein, Er *gibt* ihnen etwas Gutes, etwas sehr Gutes, das Beste, was Er geben kann – *Er gibt ihnen Christus*. Er bekleidet sie mit CHRISTUS. Er rechtfertigt sie, ja Er macht sie zu Seiner eigenen Gerechtigkeit. Er sieht die Gläubigen „in Christus", in Seiner ganzen Wohlannehmlichkeit. Das ist es, was der Apostel Paulus meint, wenn er sagt: *„Aus ihm* (das heißt: aus Gott) aber seid ihr *in Christus Jesus";* und dann fährt er fort zu beschreiben, was wir in Ihm erlangt haben: „der uns geworden ist Weisheit von Gott und Gerechtigkeit und Heiligkeit und Erlösung" (1. Kor 1, 30).

Da Sein Sohn Ihn in Seinem Leben und Sterben so wunderbar verherrlicht hat, überschüttet Er nun selbst den Geringsten und Schwächsten, der an den Namen Seines Sohnes glaubt, mit den höchsten Segnungen, die Er überhaupt zu geben vermag. Seines Sohnes wegen tut Er das alles. Gewiss, wir brauchten die Erlösung, dringend brauchten wir sie. Sonst gingen wir ewig verloren. Aber das ist hier nicht der Punkt. Gott handelt zu Ehren Seines Sohnes, und Er liebt es, auf den Namen Seines Sohnes Ehre und Ruhm zu bringen. Er vergibt uns die Sünden *um Seines Namens* (das heißt: um des Namens *Christi*) *willen* (1. Joh 2, 12). Stützt sich jemand auf den Namen und das Werk Seines Sohnes, so wird es – mit aller Ehrfurcht sei es gesagt – eine Frage der Gerechtigkeit Gottes, ihn aus freier Gnade zu rechtfertigen aufgrund der Erlösung, die in Christus Jesus ist.

Das ist eine so unermesslich wichtige und kostbare Wahrheit, dass wir in den nächsten Abschnitten noch ein wenig bei der Rechtfertigung aus Glauben und ihren Ergebnissen verweilen möchten, ehe wir dem Verlauf unseres Gleichnisses weiter folgen.

Aus Glauben gerechtfertigt

Die Lehre von der Rechtfertigung aus Glauben und ihren gesegneten Folgen wird in ihrer ganzen Breite und Schönheit im Brief an die Römer entwickelt. Ih-

ren Höhepunkt und Abschluss findet sie im ersten
Abschnitt des fünften Kapitels.

> *„Da wir nun gerechtfertigt worden sind aus Glau-*
> *ben, so haben wir Frieden mit Gott durch unseren*
> *Herrn Jesus Christus, durch den wir mittels des*
> *Glaubens auch den Zugang haben zu dieser Gnade,*
> *in der wir stehen, und rühmen uns in der Hoffnung*
> *der Herrlichkeit Gottes" (Röm 5,1.2).*

›Rechtfertigung‹ ist ein anderer Gedanke als ›Vergebung‹. *Vergebung* ist ein Akt und ein Vorrecht der
Güte und Freundlichkeit einer Person. Es wurde gegen sie gesündigt, aber sie lässt sich von dem Bösen
nicht beeinflussen und gedenkt des Bösen nicht mehr.
Gott ist ein vergebender Gott, und in Seiner Güte
gedenkt Er der Sünden der Seinen nicht mehr. Wir
lesen das in Hebräer 10: „Ihrer Sünden und ihrer
Gesetzlosigkeiten werde ich nie mehr gedenken. Wo
aber eine Vergebung derselben ist, da ist nicht mehr
ein Opfer für die Sünde" (Verse 17.18).

Rechtfertigung dagegen ist die Nicht-Zurechnung
von Schuld, ist die Befreiung von jeglicher Anklage.
Die Schuld war wohl vorhanden, aber sie wird nicht
mehr zur Last gelegt. Auch hier sagt uns Gottes Wort
etwas überaus Kostbares: „Wer wird gegen Gottes
Auserwählte Anklage erheben? Gott ist es, der recht-

fertigt; wer ist es, der verdamme?" (Röm 8, 33.34).
Gott ist der höchste Gerichtshof, die höchste Instanz.
Und wenn Er rechtfertigt, wenn Er von Schuld frei-
spricht, wer kann dann noch Anklage erheben oder
verdammen?

Vergebung ist also der Ausfluss der Güte, *Rechtfertigung* das Ergebnis des gerechten Urteils Gottes.
Weil Er mir vergeben hat, vertraut mein Herz auf Ihn.
Weil Er mich gerechtfertigt hat, fürchte ich kein Gericht mehr. Die beiden Segnungen sind eng miteinan-
der verbunden, und weil wir verderbte Sünder waren,
hatten wir sie beide nötig, aber sie bedeuten nicht dasselbe. Die Grundlage jedoch für beide ist die gleiche:
das Blut des Christus, des Lammes Gottes.

Wir konnten zu unserer Errettung nichts beitragen,
aber Gott erwies Seine Liebe zu uns darin, dass Christus, *da wir noch Sünder waren,* für uns gestorben ist
(Röm 5, 8). Wunderbare Liebe, in der Tat! Gott, der
alles über unsere Sünde wusste, sandte Seinen eingeborenen Sohn, damit Er für uns sterben sollte. „Er,
der doch seinen eigenen Sohn nicht verschont, sondern ihn für uns alle hingegeben hat" (Kap. 8, 32).
„Der unserer Übertretungen wegen hingegeben ...
worden ist" (Kap. 4, 25). „Der selbst unsere Sünden
an seinem Leib auf dem Holz getragen hat" (1. Pet
2, 24). Der Herr Jesus stand an unserer statt im Gericht Gottes und erduldete die Strafe, die in Ewigkeit

wir verdient hatten. Können wir Ihm dafür jemals genug danken?

Gott lässt sich die Schuld nicht zweimal bezahlen. Da nun Christus stellvertretend für uns im Gericht war, ist Gott nicht nur gnädig, sondern gerecht, wenn Er den rechtfertigt, „der des Glaubens an Jesus ist" (Röm 3, 26). Gott ist der höchste Richter aller; und wenn Er, der alles über uns weiß, der jede Sünde, jedes Versagen von uns kennt, uns rechtfertigt, wer kann uns dann noch Schuld beimessen? Er rechtfertigt uns nicht nur von dieser oder jener Schuld, sondern *von allem"*, wie uns Apostelgeschichte 13, Verse 38.39, sagt. Welch ein Trost liegt in dem Wort „von allem"! – von allem, „wovon ihr durch das Gesetz Moses nicht gerechtfertigt werden konntet, wird durch diesen (durch Christus) jeder Glaubende gerechtfertigt." Rechtfertigung ist von allem, sie geschieht ein für alle Mal, sie ist vollkommen, und sie ist ewig, weil sie als Grundlage das vollkommene Opfer des Herrn Jesus Christus hat.

Fünf wichtige Wahrheiten werden nun im Römer-Brief in Verbindung mit der Rechtfertigung genannt:

❑ Wir sind *durch Sein Blut* gerechtfertigt (Kap. 5, 9): Sein Blut ist die ewig gültige GRUNDLAGE unserer Rechtfertigung.

- ❏ Christus ist unserer Rechtfertigung wegen *auf-erweckt* worden (Kap. 4, 25): Die Auferweckung Christi ist der BEWEIS unserer Rechtfertigung, der Beweis, dass Gott Sein Werk angenommen hat.

- ❏ Wir sind *aus Glauben* gerechtfertigt worden (Kap. 5, 1): Der Glaube ist der GRUNDSATZ, auf dem wir die Rechtfertigung erlangen. Eigene Werke sind ausgeschlossen. Glaube wird zur Gerechtigkeit gerechnet.

- ❏ Wir werden *umsonst* gerechtfertigt *durch Seine Gnade* (Kap. 3, 24): Die QUELLE unserer Rechtfertigung ist die Gnade Gottes, nicht unser Verdienst.

- ❏ Es ist *Gott* selbst, der uns rechtfertigt (Kap. 8, 33). Es ist die HÖCHSTE INSTANZ, die das Urteil fällt. Wer kann dann verdammen?

Ergebnisse der Rechtfertigung

Die beiden ersten Verse von Römer 5, die wir eingangs zitiert haben, zeigen uns **drei kostbare Ergebnisse** unserer Rechtfertigung. Es gibt natürlich noch weit mehr, doch wir wollen uns hier auf die in diesen Versen genannten beschränken.

Frieden mit Gott

Das Erste ist: Wir haben *Frieden mit Gott*. Dieser Friede ist nicht das Ergebnis unserer Erfahrung, unserer Gefühle, auch nicht unserer Treue. Das wäre ein schwankender Boden, auf dem wir nie glücklich, nie froh würden. Nein, ich kann meinem eigenen Herzen nicht trauen; aber auf das Herz Gottes kann und darf ich vertrauen. Und wenn Er Seinen eigenen Sohn unerbittlich für alles das bestraft und gerichtet hat, was ich getan habe, ja für alles das, was ich als Sünder bin, dann kann ich Ihm vertrauen und das glauben, was Er sagt: dass Er *für mich* ist und mir *alle* meine Sünden vergeben hat.

Mein Friede ruht nicht darauf, wie tief ich bei meiner Bekehrung meine Sünden gefühlt und bereut und ob ich sie Ihm *alle* bekannt habe (was wäre, wenn ich auch nur eine einzige vergessen hätte?), sondern er stützt sich darauf, dass Gott mich ganz und gar kennt und mich in Christus begnadigt hat.

Christus hat sich – unendliche Gnade! – Gott am Kreuz dargeboten, damit Er zeigen möge, wie Er über die Sünde, über meine Sünde, denkt. Und Gott hat es gezeigt. Er hat Den, der Sünde nicht kannte, für uns zur Sünde gemacht (2. Kor. 5, 21) und hat die Sünde so behandelt, wie sie es in Seinen Augen verdient: Er hat sie gerichtet (Röm 8, 3). Da nun alle gerechten Anforderungen Gottes im Tod Christi ihre volle Befriedigung fanden, ist vollkommener Friede mit Gott das Ergebnis. Auf diese Weise hat der Herr Jesus „Frieden gemacht durch das Blut seines Kreuzes" (Kol 1, 20).

Nun, in diesen Frieden, der grundsätzlich gemacht ist, tritt der Gläubige durch den Glauben an Sein Blut ein. Sein Gewissen kann jetzt glücklich im vollbrachten Werk Christi ruhen, in dem auch Gott mit tiefer Befriedigung ruht, und er ist, was sein Gewissen angeht, in Frieden mit Gott. Er kann singen und sagen:

> *Auf dem Lamm ruht meine Seele,*
> *betet voll Bewund'rung an.*
> *Alle, alle meine Sünden*
> *hat Sein Blut hinweggetan.*
>
> *Sel'ger Ruhort! – Süßer Friede*
> *füllet meine Seele jetzt.*
> *Da, wo Gott mit Wonne ruhet,*
> *bin auch ich in Ruh' gesetzt.*

Dieser Friede mit Gott ist die Folge oder der Ausfluss der Rechtfertigung aus Glauben. Das will sagen: Jeder, der „des Glaubens an Jesus ist" und somit die Rechtfertigung aus Glauben besitzt und kennt, hat diesen Frieden. Es ist nicht nur ein halber Friede. Friede ist Friede. Ihm kann nicht noch irgendetwas hinzugefügt werden: Er ist – weil wir ihn „durch unseren Herrn Jesus Christus" haben – vollkommen, unveränderlich und ewig. Und glückselige Tatsache: Diesen Frieden *haben* wir! Wir bekommen ihn nicht erst noch – wir haben ihn, haben ihn schon jetzt und haben ihn auf ewig, weil Christus „unser Friede" ist (Eph 2,14). Wir haben ihn geradeso, wie wir in Christus Jesus die „Erlösung, die Vergebung der Sünden" haben (Kol 1,14). So jedenfalls sieht es und sagt es Gott, und es ist nun an uns, das im Glauben festzuhalten und zu genießen.

Viele aufrichtige Kinder Gottes ringen ständig danach, in das „richtige Verhältnis zu Gott" zu kommen, wie sie es zuweilen nennen. Sie bemühen sich aufrichtig, ein hingebungsvolles Leben für Gott zu leben, um so den Frieden des Gewissens zu erlangen. Sie meinen stets, *sie* müssten den Frieden *machen*. Aber sie erfassen zu wenig den Wert des Werkes Christi, das völlig außerhalb von ihnen geschah. Und so blicken sie statt auf Christus und Sein vollbrachtes Werk mehr in sich selbst hinein, sind mehr mit ihren schwankenden Gefühlen, ihrer Mangelhaftigkeit und Untreue beschäftigt als mit dem, was Er für sie getan hat. Mit einem Wort: Sie kennen noch nicht wirklich die Rechtfertigung aus Glauben. Sie unterwerfen sich noch nicht vorbehaltlos dem, was Gott am Kreuz an Seinem Sohn ihretwegen vollzogen hat. Kein Wunder, wenn sie dann den Frieden, der dort gemacht ist, nicht als ihr persönliches Teil genießen!

Natürlich ist Treue im Wandel wichtig. Natürlich soll auch in unserem praktischen Leben der *Friede Gottes* unsere Herzen und unseren Sinn bewahren in Christus Jesus (Phil 4, 7), will uns der Herr Jesus *Seinen eigenen Frieden* in allen Umständen geben (Joh 14, 27). Aber das sind andere Dinge, Wahrheiten, die mit der christlichen Erfahrung und nicht mit dem „Frieden mit Gott" zu tun haben. Da aber dieses Buch den Weg des Menschen aus der Finsternis in das Licht zeigen will, sind sie nicht Gegenstand unserer Betrachtung.

Lasst uns dies bedenken: Wir mögen viele Jahre treu dem Herrn gedient und viel für Ihn gearbeitet und gezeugt haben. Am Ende selbst eines solch hingebungsvollen Lebens hätten wir nicht *mehr* Frieden mit Gott als ganz zu Anfang, als wir uns auf Christus und Sein Werk gestützt hatten!

„Friede euch!" – das waren Seine Begrüßungsworte an Seine Jünger an jenem ersten Tag der Woche, dem Tag Seiner siegreichen Auferstehung (Joh 20, 19). *Friede* ist die erste und bleibende Frucht Seines vollbrachten Werkes auf Golgatha für alle die, die an Ihn und Sein Werk glauben.

Stehen in der Gnade

Das zweite Ergebnis der Rechtfertigung ist: Wir haben durch den Glauben Zugang zu dieser *Gnade,* in der wir stehen. Gnade bedeutet Gunst, unverdiente Liebe. Unsere Stellung vor Gott hat sich also grundlegend geändert. Vor unserer Bekehrung lag der Zorn Gottes auf uns als solchen, die nicht dem Sohn glaubten (Joh 3, 36). Jetzt aber stehen wir in der Gunst Gottes als solche, die Er „angenehm gemacht hat in dem Geliebten" (Eph 1, 6).

Durch den Glauben sind wir in die vollkommene und ungetrübte Gunst Gottes eingetreten, wir haben ständig *Zugang* zu der Gnade Gottes, das heißt zu Gott in Seiner Gnade, „denn durch ihn haben wir beide (Juden und Heiden) den Zugang durch *einen* Geist zu dem Vater" (Eph 2, 18). Dort, Geliebte, stehen wir, bleiben wir und werden wir stehen in alle Ewigkeit. Unendliches Vorrecht! Wir stehen nicht unter Gesetz, wir stehen in der Gnade – in dem Bereich, wo die Gnade durch Gerechtigkeit zu ewigem Leben herrscht (Röm 5, 21).

Nichts kann uns von der Liebe und Gnade Gottes trennen (Röm 8, 39), und nie denkt Gott in anderer Weise an uns als in Gnade. Dass das doch jeder gläubige Leser fest ins Herz fasste! Wir haben durch die

Gnade eine vollkommene Stellung vor Gott in Christus, wir können Ihm mit wahrhaftigem Herzen, in voller Gewissheit des Glaubens nahen (Heb 10,22). Dieser Zugang und dieses Stehen in der Gnade kann nicht durch unsere Treue vermehrt oder durch unsere Untreue vermindert werden – aus dem einfachen Grund, weil es *Gnade* ist. Auch der Apostel Petrus spricht am Ende seines ersten Briefes von dem „Gott aller Gnade" und ermahnt und bezeugt uns, „dass dies die wahre Gnade Gottes ist, in der ihr stehen sollt" (Kap. 5,12). Wahrlich: „Deine Güte ist besser als Leben; meine Lippen werden dich rühmen" (Ps 63,3)!

Die Herrlichkeit Gottes

Da ist noch ein drittes Ergebnis der Rechtfertigung aus Glauben, das aber liegt noch in der Zukunft. Bezog sich der Friede mit Gott in der Hauptsache auf das, was in der *Vergangenheit* geschah, und das Stehen in der Gnade auf das, was unsere *gegenwärtige* Stellung kennzeichnet, so bezieht sich die dritte Segnung auf etwas *Zukünftiges:* Wir rühmen uns in der Hoffnung der *Herrlichkeit Gottes.* Wir hoffen nicht, gerechtfertigt zu werden oder Frieden mit Gott zu erlangen oder in die Gunst Gottes zu kommen. Aber

wir hoffen, und das mit Freuden, auf die Herrlichkeit
Gottes.

Wenn die Schrift von der *Hoffnung* des Christen
spricht, dann bezeichnet das nie etwas Ungewisses,
etwas, was vielleicht eintreffen kann oder auch nicht
eintreffen mag. ›Hoffnung‹ bezieht sich auf das, was
wir noch nicht sehen und besitzen, was aber mit Sicherheit unser werden wird. So rühmen wir uns in
der Hoffnung der Herrlichkeit Gottes. Wir haben
sie noch nicht, aber wir werden sie erlangen. „Eine
Hoffnung aber, die gesehen wird, ist keine Hoffnung;
denn was einer sieht, was hofft er es auch? Wenn wir
aber das hoffen, was wir nicht sehen, so warten wir
mit Ausharren" (Röm 8,24.25). Wie kostbar ist dieses „So warten wir mit Ausharren"! So fest, so zuverlässig ist für den Glauben die Zusage Gottes auf Seine Herrlichkeit, dass die Tatsache, dass wir sie noch
nicht erfüllt sehen, nur eine einzige Schlussfolgerung
zulässt: Wir *warten* eben, warten mit Ausharren, wie
widrig die Umstände auch sein mögen.

Der einzige *Anspruch* auf die Herrlichkeit Gottes
ist das Blut unseres Herrn Jesus Christus. Was uns jedoch *fähig* macht, in der Herrlichkeit Gottes zu wei-
len, ist noch etwas anderes, auf das ich im nächsten
Kapitel zu sprechen kommen möchte – das neue, göttliche Leben, das wir in der neuen Geburt empfangen
haben. Aber das Ziel Gottes mit uns ist zweifellos Sei-

ne Herrlichkeit. „Und sie hatte die Herrlichkeit Gottes", hören wir am Ende des Buches Gottes von der Versammlung Gottes, der „heiligen Stadt, Jerusalem" (Off 21, 10.11).

Nun, das ist das Ziel Gottes mit uns. Er hat uns zu Seiner ewigen Herrlichkeit in Christus Jesus berufen (1. Pet 5, 10), und wenn die Zeit gekommen ist, wird Er uns gerade dorthin bringen und uns mit Seiner Herrlichkeit bekleiden. Nachdem Er uns einmal durch das Blut Seines Sohnes gerechtfertigt hat, ist jetzt gleichsam kein Platz zu hoch, den Er uns zum Ruhm Seines Sohnes nicht geben würde. Ein geringerer Platz als Seine eigene Herrlichkeit würde in den Augen Gottes, mit aller Ehrfurcht sei es gesagt, den Wert des Opfers Seines Sohnes in ungebührender Weise einschränken.

Das ist keineswegs eine Frage dessen, was wir verdient haben. Wir haben nichts anderes als Gericht verdient. Es geht darum, welchen Wert das Opfer Christi in den Augen Gottes hat. Dieser Wert ist unendlich. Deswegen ist auch das, was wir aufgrund dieses Opfers erlangen, von unendlicher Tragweite und Bedeutung. Gott ehrt Seinen Sohn. Er gibt denen, die an diesen Seinen Sohn glauben, die größte und höchste Herrlichkeit, die zu geben in Seiner Macht steht – *Seine eigene Herrlichkeit* (nicht Seine *Gottheit*). Gäbe Er etwas Geringeres, so würde Er in gewissem Maß den

Wert und die Bedeutung des vollkommenen Werkes Christi einschränken, und das wird Er nie, nie tun. Wunderbare, anbetungswürdige Gnade Gottes, die unser ewiges Los so vollständig mit Seiner eigenen, ewigen Herrlichkeit verbunden hat, so dass Er, würde Er darin versagen, uns dorthin zu bringen, einen Flecken auf das Sühnungswerk Seines Sohnes und auf die Herrlichkeit Seiner Gnade bringen würde! Nochmals sei es gesagt: Das kann und wird Er niemals tun.

Eine hochbetagte Christin lag im Sterben. Jemand fragte sie: „Nun, du hast Gott diese vielen Jahre vertraut. Was aber wäre, wenn Er dich schließlich doch nicht annähme?" Mühsam richtete sie sich auf und antwortete fest: „Dann würde ich viel, sehr viel verlieren. Aber Er würde noch viel mehr verlieren: Er würde Seinen Charakter einbüßen."

Oh, Gott wird nie Seinem Charakter untreu werden, wird nie im Widerspruch zu Seiner Gerechtigkeit und Seiner Gnade handeln! Und wenn Er uns von den ›Kreuzwegen der Landstraßen‹ holte, als nichts Liebenswertes an uns war, und uns zur Hochzeit Seines Sohnes brachte, dann werden wir, was immer auch noch geschehen mag, dort bleiben, bleiben in Ewigkeit.

In diesem Zusammenhang möchte ich noch auf zwei besondere Umstände im Gleichnis unseres teuren Herrn hinweisen, die gewiss nicht ohne Bedeutung sind.

Wir hören von den Gästen der Hochzeit nicht, von einer Ausnahme abgesehen, die wir sogleich betrachten werden, dass sie den Hochzeitssaal und die Gegenwart des Königs je wieder verlassen haben. So war es auch im Gleichnis vom ›verlorenen Sohn‹: Er betrat wohl das Haus des Vaters, aber er verließ es nie wieder. Andere Stellen der Schrift sagen klar, was hier angedeutet wird: Sind wir erst einmal zu Ihm gebracht, so bleiben wir für immer bei Ihm.

Zweitens ist zu bemerken, dass das Geschehen des Gleichnisses fast unmerklich aus der Zeit in die Ewigkeit hinübergleitet. Es werden ewige Folgen sichtbar. Das wird sogleich noch verständlicher werden, wenn wir das Teil jenes Gastes betrachten, der kein Hochzeitskleid anhatte.

Ohne Hochzeitskleid

„Als aber der König hereinkam, um sich die Gäste anzusehen, sah er dort einen Menschen, der nicht mit einem Hochzeitskleid bekleidet war. Und er spricht zu ihm: Freund, wie bist du hier hereingekommen, da du kein Hochzeitskleid anhast? Er aber verstummte. Da sprach der König zu den Dienern:

Bindet ihm Füße und Hände, und werft ihn hinaus in die äußerste Finsternis: Dort wird das Weinen und das Zähneknirschen sein" (Mt 22, 11–13).

Ich verweile immer gern bei dem Gedanken, dass der König hereinkam, um sich die Gäste anzusehen. Was zog die Aufmerksamkeit des Königs auf sich? Die prunkvollen Möbelstücke, die kunstvollen Vorhänge und Säulen, wie sie etwa der König Ahasveros zur Zeit Esthers für sein Gartenfest bereitstellte (Esther 1, 3–9)? Nein, die Gäste waren es und ihr Hochzeitskleid, die seine Aufmerksamkeit anzogen. Jeder Gast, der dort weilte und das verliehene Hochzeitskleid trug, redete zum Herzen des Königs von der Vortrefflichkeit seines Sohnes. So ist es auch, wenn Gott uns „ansieht": Er freut sich, Christus, Seinen geliebten Sohn, in uns zu sehen. Es erregt Sein Wohlgefallen, wenn wir in des ›Königs‹ Gedanken und Wünsche eingehen und den Sohn ehren, wie wir den Vater ehren (Joh 5, 23).

Aber da war einer, der war ohne Hochzeitskleid hereingekommen. Diesen einen benutzt der Herr Jesus, um uns einen entscheidenden Grundsatz darzustellen: Für das Hochzeitsfest braucht man ein ›Hochzeitskleid‹.

Man muss Christus angezogen haben, um an Seiner Freude teilnehmen zu können. Man muss Christus auf dieser Erde im Glauben angezogen haben, im Jenseits kann man das nicht mehr nachholen.

Dieser eine Mann aber kümmerte sich nicht um die Gedanken und Vorstellungen des Königs. Er kam in seinem eigenen Kleid. Was interessierte ihn das Gewand, das der König für jeden Geladenen bereithielt! Sein eigenes, mochte es gut oder schlecht sein, schien ihm ausreichend. Vielleicht war dieser Mann von allen Gästen, die da kamen, sogar der am besten Angezogene gewesen. Vielleicht war sein Gewand von feinstem menschlichem Tuch gewirkt, hohe Moral und tiefe Religiosität mochten ihn ausgezeichnet haben. Genügte das etwa nicht für die Gegenwart des Königs?

Dieser Mann kannte weder sich selbst noch die Gnade und Majestät des Königs! Er kam ohne Christus vor den König, er hatte nicht Christus angezogen. Er zog es vor, in seiner eigenen Gerechtigkeit vor den König zu kommen, und das war sein ewiger Ruin.

Ach, es gibt so viele wertvolle, christliche Menschen, die, so meinen sie, durchaus Grund haben, mit sich selbst zufrieden zu sein. Äußerlich gesehen führen sie auch ein ehrbares Leben und sind von vielen geachtet. Sie dienen der menschlichen Gesellschaft oder ihrer Kirche. Sie haben genügend Ansehen und Religiosität, um – und das ist das Verhängnisvolle –, um sich und andere zu täuschen. Denn sie verstehen nicht, dass sie noch nicht Christus als ihre Gerechtigkeit haben. Weil diese Gruppe von Menschen so groß ist (weit größer, scheint mir, als die der ausgesprochenen „Sünder"), und weil diese Menschen so schwer davon zu überzeugen sind, dass sie sich bekehren müssen, möchte ich ein besonderes Wort der Warnung an sie richten.

Willst du wirklich auf deine Anständigkeit und Redlichkeit, auf deine Nächstenliebe und Freundlichkeit vertrauen? Ich sage nicht, dass du diese Dinge nicht hast oder dass sie gar nichts wert sind. Aber meinst du, du könntest damit deine Sünden „aufwiegen"? Sieh, der ›König‹ bietet dir Seine wunderbare Gnade, bietet dir Seinen eingeborenen Sohn an, den Er auch für dich in den Tod gab. Wenn Er es nicht für nötig hielte, hätte Er das nicht getan. Mit Ihm will Er dich bekleiden. Er will dich glücklich in der Freude Seines Sohnes sehen.

Willst du das alles ausschlagen? Willst du stattdessen mit dem dünnen Kleid deiner Ehrbarkeit vor Ihm erscheinen? „Ich rate dir, Gold von mir zu kaufen ... und weiße Kleider, damit du bekleidet wirst und die Schande deiner Blöße nicht offenbar wird" (Off 3, 18). Oder willst du einmal aus Seinem Mund die ernsten Worte hören: „Freund, wie bist du hier hereingekommen, da du kein Hochzeitskleid anhast?" Dann wird auch dein Mund verstummen, der so viel zu sagen wusste, du wirst Ihm „auf tausend nicht eins antworten" (Hiob 9,3). Es wird für dich auf ewig zu spät sein!

Ewiges Gericht

Die Weigerung, den Sohn des Königs zu ehren und die Güte des Königs anzunehmen, zieht unweigerlich Gericht nach sich. Es gibt keine Entschuldigung für den, der sein Eigenes dem vorzieht, was der König in Seiner Gnade schenken will. So lässt der König die Füße und Hände des Mannes binden und ihn in die äußerste Finsternis werfen, „dort wird das Weinen und das Zähneknirschen sein." Wie ernst! Das Gericht wirft ihn aus jener Szene hinaus, für die er kein Herz hatte.

Durch die Form des Gleichnisses und die benutzten Worte macht der Herr Jesus anhand des Mannes ohne Hochzeitskleid einen weiteren Grundsatz deutlich: Das Gericht, um das es hier geht, ist ein *persönliches* Gericht, und es ist ein *ewiges* Gericht. Im ersten Teil des Gleichnisses sprach Er von einem *zeitlichen* Gericht, das Gott in Seiner Regierung über das Volk der Juden bringen würde oder gebracht hat. In gleicher Weise wird einmal auch das Christentum, weil es ebenfalls untreu ist, wie das Judentum „ausgeschnitten" werden (Röm 11). In dem jetzt betrachteten zweiten Teil des Gleichnisses aber handelt es sich nicht um die äußere Zerstörung von Städten, um das Umbringen von Mördern oder um das Beenden von Haushaltungen, sondern um ein Gericht an einzelnen Personen.

Gott wird jeden Einzelnen beurteilen und feststellen, ob er seinem Bekenntnis entspricht, ob er persönlich in dem Zustand ist, um an dem Fest zu Ehren Seines Sohnes teilzunehmen. Wenn nicht, wird er, während die Hochzeit ihren weiteren Verlauf nimmt, hinausgeworfen in die äußerste Finsternis, wo das Weinen und das Zähneknirschen ist. Es ist ein endgültiges, absolutes, ewiges Gericht: für immer von Dem getrennt, der Licht und Liebe ist, dessen Gnade so vollkommen verworfen wurde.

Der Weg zu Gott bringt den Menschen aus der Finsternis in das Licht Seiner Gegenwart. Aber der Weg weg von Gott, der Weg ohne Gott und Seinen Christus, führt in die äußerste Finsternis, in die ewige Nacht. – Welchen Weg gehst du?

Viele Berufene

Das letzte, das Gleichnis abschließende Wort des Herrn Jesus fasst das ganze Gleichnis und dessen Belehrung zusammen. Es ist ein Wort, das nicht immer richtig verstanden wird.

„Denn viele sind Berufene, wenige aber Auserwählte" (Mt 22, 14).

Viele haben diesen Ausspruch benutzt, um sich einreden zu lassen, sie könnten nicht errettet werden, weil sie nicht Auserwählte seien. Das ist eine elende Lehre, von Satan erfunden, um die Menschen ins Unglück zu stürzen. Nein, Gott will, „dass alle Menschen errettet werden und zur Erkenntnis der Wahrheit kommen" (1. Tim 2, 4). Auch gerade in unserem Gleichnis machte der Herr Jesus ja deutlich, dass der Ruf der Gnade Gottes sich unterschiedslos an alle richtete und noch richtet: „Und so viele irgend ihr findet, ladet zur Hochzeit." „So viele irgend ihr findet" – das sind die vielen Berufenen.

Leider aber nehmen nur wenige das Gnadenangebot Gottes an. Durch die Ablehnung Christi offenbaren die Vielen nur, dass sie nicht zu den Auserwählten gehören. So ist es tatsächlich eine vergleichsweise „kleine Herde", denen der Vater das Reich gibt (Lk 12, 32). Wohl denen, die zu ihr gehören!

Vom Tod zum Leben

IN DIESEM DRITTEN KAPITEL wollen wir uns mit einer Frage beschäftigen, die tatsächlich über Leben und Tod entscheidet: „Wie gelangt man in den Besitz des ewigen Lebens?" Die Antwort darauf erhalten wir aus dem Mund des Sohnes Gottes selbst, und zwar anlässlich einer Unterredung mit Nikodemus, einem jüdischen Gesetzgelehrten. Von dieser bemerkenswerten Unterhaltung berichtet uns Johannes im dritten Kapitel seines Evangeliums, und ich lasse mit Ausnahme der beiden ersten Verse ihren vollen Wortlaut folgen.

Wir werden finden, dass der Wert und die Weisheit nicht in den Fragen des Fragestellers liegen, sondern in den Antworten, die der Herr Jesus darauf gibt. So ist es immer.

Nikodemus war bei Nacht zu Jesus gekommen. Schämte er sich vor seinen Kollegen? Jedenfalls *kam* er, kam zu der einzig richtigen Person, die er auch als einen von Gott gekommenen *Lehrer* anerkannte. Die Zeichen, die Dieser tat, waren ihm Beweis dafür, dass Gott mit Ihm war.

Doch der Herr Jesus geht auf die anerkennenden Worte nicht ein, sondern gibt dem Gespräch eine völlig andere Richtung.

„Jesus antwortete und sprach zu ihm: Wahrlich, wahrlich, ich sage dir: Wenn jemand nicht von neuem geboren wird, so kann er das Reich Gottes nicht sehen.

Nikodemus spricht zu ihm: Wie kann ein Mensch geboren werden, wenn er alt ist? Kann er etwa zum zweiten Mal in den Leib seiner Mutter eingehen und geboren werden? Jesus antwortete: Wahrlich, wahrlich, ich sage dir: Wenn jemand nicht aus Wasser und Geist geboren wird, so kann er nicht in das Reich Gottes eingehen. Was aus dem Fleisch geboren ist, ist Fleisch, und was aus dem Geist geboren ist, ist Geist. Verwundere dich nicht, dass ich dir sagte: Ihr müsst von neuem geboren werden. Der Wind weht, wo er will, und du hörst sein Sausen, aber du weißt nicht, woher er kommt und wohin er geht; so ist jeder, der aus dem Geist geboren ist.

Nikodemus antwortete und sprach zu ihm: Wie kann dies geschehen? Jesus antwortete und sprach zu ihm: Du bist der Lehrer Israels und weißt das nicht? Wahrlich, wahrlich, ich sage dir: Wir reden, was wir wissen, und bezeugen, was wir gesehen haben, und unser Zeugnis nehmt ihr nicht an. Wenn ich euch das Irdische gesagt habe, und ihr glaubt nicht, wie werdet ihr glauben, wenn ich euch das Himmlische sage? Und niemand ist hinaufgestiegen in den Himmel als nur der, der aus dem Himmel herabgestie-

gen ist, der Sohn des Menschen, der im Himmel ist. Und wie Mose in der Wüste die Schlange erhöhte, so muss der Sohn des Menschen erhöht werden, damit jeder, der an ihn glaubt, nicht verloren gehe, sondern ewiges Leben habe. Denn so hat Gott die Welt geliebt, dass er seinen eingeborenen Sohn gab, damit jeder, der an ihn glaubt, nicht verloren gehe, sondern ewiges Leben habe" (Joh 3, 3–16).

„Von neuem geboren" – was ist das?

Wenn man christlich eingestellte Menschen fragt, ob sie von neuem geboren seien, antworten die meisten mit einem zuversichtlichen „Ja, natürlich!" Sie meinen damit, dass sie schon einmal in ihrem Leben einen neuen Anfang gemacht, „ein neues Blatt" aufgeschlagen und ihre Lebensweise geändert, verbessert hätten. Andere verstehen darunter, dass sie religiös geworden seien: lesen sie doch jetzt täglich ein christliches Kalenderblättchen, ihre Losung, hören jeden Morgen die Morgenandacht und sprechen bei jeder Mahlzeit ihr Tischgebet.

Nun, das alles ist nicht „von neuem geboren" sein. Das alles und weit mehr kann man haben und doch noch völlig tot sein – tot für Gott, wie wir es am Beispiel des verlorenen Sohnes gesehen haben. Um nun zu zeigen, wie dringend notwendig es für jeden Menschen ist, von neuem geboren zu werden, stellt uns die Heilige Schrift dazu nicht einen heruntergekommenen „verlorenen Sohn" vor, sondern einen höchst ehrenwerten und religiösen Mann in hoher klerikaler Stellung: Nikodemus, einen Angehörigen der strengen Sekte der Pharisäer, einen Obersten der Juden, einen Lehrer in Israel. Besaß dieser nicht alles, was vor Gott notwendig war? Äußerlich gesehen durchaus. Und doch fehlte ihm das Wichtigste, das ihm selbst seine hohe Religiosität und Gelehrsamkeit nicht zu vermitteln vermochten: göttliches Leben.

So sind es außerordentlich wichtige und grundlegende Mitteilungen, die wir in diesem Abschnitt vor uns haben. Sie kommen aus dem Mund Dessen, der in unergründlicher Gnade vom Himmel herniedergekommen war; der redete, was Er wusste, und von dem zeugte, was Er gesehen hatte; der Gott völlig kannte, weil Er selbst Gott ist, und der vollkommen wusste, was in dem Menschen war. Beginnen wir mit dem letzten Punkt.

Überführt – aber nicht bekehrt

Nikodemus hatte eine rein menschliche Überzeugung von Christus: Aufgrund der Zeichen und Wunder des Herrn hatte Nikodemus die Überzeugung gewonnen, dass Dieser ein von Gott gekommener Lehrer war, „denn niemand kann diese Zeichen tun, die du tust, es sei denn Gott mit ihm" (Vers 2). Ähnliche Schlussfolgerungen finden wir schon vorher in Kapitel 2, Verse 23–25, wo wir hören, dass viele an Seinen Namen glaubten, „als sie seine Zeichen sahen, die er tat. Jesus selbst aber vertraute sich ihnen nicht an, weil er alle kannte und nicht nötig hatte, dass jemand Zeugnis gebe von dem Menschen; denn er selbst wusste, was in dem Menschen war." Der Herr Jesus wusste, wie verderbt und sündig und tot der natürliche Mensch ist, dass da nichts war, woran Er hätte anknüpfen, worauf Er hätte aufbauen können. Ein Glaube, der sich auf das Anschauen von nicht zu leugnenden Tatsachen abstützt, ist nicht der von Gott geschenkte Glaube, der zur Errettung führt. Es ist nur eine verstandesmäßige Überzeugung, die, wird sie auf die Probe gestellt, rasch zusammenbricht (vgl. Kap. 6,66). Diese Juden hatten eine menschlich geformte – und bis zu einem gewissen Grad richtige – Meinung von dem, was Christus ist, sie selbst blieben dabei völlig *unverändert*.

Wie viele Christen gleichen diesen Leuten, gleichen dem Nikodemus: Sie glauben in natürlicher Aufrichtigkeit an Christus, aber es ist nur ein verstandesmäßiges Überführtsein, ein menschliches „Für-wahr-

Halten". In Wahrheit aber kennen sie Christus nicht. In ihren Herzen ist noch kein Bedürfnis nach Ihm selbst erwacht. Die Person Christi und Sein Zeugnis von göttlichen Dingen lässt ihre Herzen kalt. Das ist der stärkste Beweis, dass sie geistlich tot sind. Auch dieser religiöse Nikodemus war es: Überzeugt, aber unbekehrt, unverändert tot und – wäre es dabei geblieben – ewig verloren.

Möge sich doch niemand unter meinen Lesern über das Heil und den wahren Zustand seiner Seele täuschen! Vielleicht bist du kein ausgesprochener Feind Christi, sondern hältst in einer gewissen Aufrichtigkeit das für wahr, was die Heilige Schrift über Ihn sagt. Vielleicht bist du sogar religiös, gehst zu christlichen Vorträgen, liest christliche Schriften, arbeitest auf christlichem Gebiet, hast sogar Theologie studiert. Aber sag, hast du ein innerliches Verlangen nach der *Person* Jesu? Hast du heute überhaupt schon einmal in Liebe an Ihn gedacht? Nein? Sieh, dann bist du noch tot, tot für Gott, unempfindsam für die Gedanken Gottes.

Du magst eine gute Meinung über Jesus Christus haben; aber damit gehst du, wenn du nicht *mehr* hast, ewig verloren, weil Gott das, was vom ›Fleisch‹ ist, nicht anerkennen kann. Du brauchst Christus selbst, Ihn, der der wahrhaftige Gott und das ewige Leben ist (1. Joh 5, 20).

Geistliche Bedürfnisse

Doch der Geist Gottes wirkt in Gnaden, und wo Er wirkt, entsteht in der Seele ein Verlangen nach dem, was von Gott ist: Nikodemus kommt zu Jesus. Im Gegensatz zu den Juden in Jerusalem hat Nikodemus geistliche Bedürfnisse in seiner Seele. Sie sind immer ein Zeichen der Wirksamkeit Gottes.

Nikodemus wusste noch nicht, dass in ihm ein tieferes Werk vor sich ging, ein Werk Gottes. Er mochte sich darüber noch keine Rechenschaft abgelegt haben, wie seltsam es für ihn, den gelehrten Pharisäer, war, dass es ihn nicht zu seinen Kollegen, sondern zu Jesus zog. Und warum ging er nicht in den Tempel? Das hätte er doch bei Tage tun können!

Aber er liebte noch zu sehr die Welt, um ihre Verachtung und ihren Spott nicht zu fürchten. Er fühlte unbewusst, dass die Welt gegen den ist, der zu Jesus kommen will: Er kommt bei Nacht. Wie sehr ist die Würde dessen verletzt, der – als Lehrer Israels zum Lehren gesetzt – kommen muss, um zu lernen! Welche Hindernisse stehen gerade dem frommen Menschen entgegen! Nikodemus kommt zwar bei Nacht zu Jesus, aber er kommt, er kommt zu der einzigen Person, die ihm wahrhaft zu helfen und seine Bedürfnisse zu befriedigen vermag. Der Heilige Geist führt nicht

in diese oder jene Kirche, zu diesem oder jenem Prediger – Er führt immer und ausschließlich zu dem
Herrn Jesus, dem Sohn Gottes. Und wie wunderbar:
Dieser Heiland nimmt ihn an, auch in der Nacht! Er
nimmt auch dich an, gleichgültig wie und wann du
zu Ihm kommst. Willst nicht auch du diesen Weg zu
Jesus gehen?

Das Reich Gottes „sehen"

„Jesus antwortete und sprach zu ihm: Wahrlich,
wahrlich, ich sage dir: Wenn jemand nicht von neu-
em geboren wird, so kann er das Reich Gottes nicht
sehen" (Joh 3, 3).

Nikodemus nimmt es als garantiert, als selbstverständ-
lich an, dass er als Jude ein Kind des Reiches Gottes
sei; und das Einzige, was er nötig zu haben glaubt, ist
„Belehrung": „Rabbi, wir wissen, dass du ein *Lehrer*
bist, von Gott gekommen, denn niemand kann diese
Zeichen tun, die du tust, es sei denn Gott mit ihm"
(Vers 2).

Zunächst fällt uns auf, dass der Herr Jesus, wie bereits bemerkt, auf diese Anrede und Anerkennung seitens Nikodemus nicht mit einem einzigen Wort ein-
geht. Er nimmt weder Lob noch Mitleid von dem

nicht wiedergeborenen Menschen an. So lehnte Er auch die Tränen der Töchter Jerusalems ab: „Weint nicht über mich, sondern weint über euch selbst und über eure Kinder" (Lk 23, 28).

Sodann macht uns die etwas brüsk scheinende Antwort des Herrn in Vers 3 – „Wahrlich, wahrlich, ich sage dir: Wenn jemand nicht von neuem geboren wird, so kann er das Reich Gottes nicht sehen" – **zwei wichtige Wahrheiten** deutlich:

❏ Der Herr belehrt nicht das ›Fleisch‹, das heißt den Menschen in seinem natürlichen Zustand. Er denkt nicht daran, den Menschen, wie er ist, zu verbessern. Er ist nicht gekommen, um den Menschen zu reformieren, sondern ihn zu erretten. Was Nikodemus brauchte, was jeder Mensch, auch der religiöseste, braucht, ist nicht zuerst einen Lehrer, sondern einen Heiland.

❏ Der Mensch muss eine neue Natur, muss neues, göttliches Leben haben, um Umgang mit Gott haben, um die Dinge Gottes erkennen zu können. Andernfalls ist und bleibt er blind und unfähig, die Dinge Gottes zu sehen.

Gott richtet ein Reich auf, einen Bereich der Macht und Segnung für die Seinen; dort wirkt Er, dort wird Er gekannt. Dieses Reich allein zu *sehen,* setzt neues

Leben voraus. Der Mensch in seinem sündigen Zustand kann es nicht wahrnehmen. Auch Nikodemus sah es nicht. Trotz seiner Religiosität und Gelehrsamkeit verstand er nichts von den Dingen Gottes, wie uns seine Worte in Vers 4 verraten:

„Wie kann ein Mensch geboren werden, wenn er alt ist? Kann er etwa zum zweiten Mal in den Leib seiner Mutter eingehen und geboren werden?"

Warum sah Nikodemus das Reich Gottes nicht? Es lag nicht am Herrn, der Seine Herrlichkeit durch mächtige Wunder bewiesen hatte. Nein, das Übel lag bei ihm selbst: Er hatte sich noch nicht als völlig verloren erkannt, als tot in Vergehungen und Sünden (Eph 2, 1). Einem Toten helfen keine noch so vortrefflichen Behandlungsmethoden. Nein, da war nichts zu „verbessern". Was Nikodemus brauchte, was jeder Mensch braucht, wenn er das Reich Gottes auch nur sehen will, ist das Empfangen eines neuen Lebens, einer neuen Natur – ist die „neue Geburt".

Was bedeutet ›Reich Gottes‹?

Doch ehe wir dieses wichtige Thema weiter verfolgen, möchten wir kurz auf den vom Herrn hier zwei Mal benutzten Ausdruck ›*Reich Gottes*‹ eingehen. ›Reich Gottes‹ ist ein allgemeiner, umfassender Begriff für den *geistlichen Bereich,* in dem Gott wirkt und die Herzen regiert. Zuzeiten steht bei der Benutzung des Ausdrucks ›Reich Gottes‹ mehr der Haushaltungs-Charakter im Vordergrund (womit dann eine *Epoche* beschrieben wird), mitunter mehr der ihm innewohnende *sittliche* Charakter. Für letzteres ist der bekannte Vers in Römer 14 ein besonders gutes Beispiel: „Denn das Reich Gottes ist nicht Essen und Trinken, sondern Gerechtigkeit und Friede und Freude im Heiligen Geist" (Vers 17; vgl. auch 1.Kor 4,20).

In den verschiedenen Epochen des Handelns Gottes mit dem Menschen offenbart sich dieses Reich auch in unterschiedlichen Formen.

Als der Herr Jesus hier auf der Erde war, war das Reich Gottes in der Person Christi, des Königs, mitten unter ihnen (Lk 17,21; Mt 12,28), das heißt, in Seiner Person wurden die sittlichen Charakterzüge vollkommen sichtbar, die dieses Reich regieren.

Später einmal wird dieses Reich in Macht und Herrlichkeit in Erscheinung treten oder sichtbar werden (vgl. zum Beispiel 2.Thes 1,5*ff*; Lk 22,18), wobei es eine Zweiteilung in seinen *irdischen* Teil, das „Reich des Sohnes des Menschen", und seinen *himmlischen* Teil, das „Reich des Vaters", erfahren wird (Mt 13,41.43). Heute ist das Reich Gottes im Christentum zu finden; als solches predigte es Paulus (Apg 20, 25; 28, 31).

Nikodemus hatte als Jude sicherlich den jüdischen, sichtbaren Aspekt des Reiches Gottes vor Augen. Er verstand darunter das von den Propheten vorausgesagte Reich des Messias auf der Erde in Macht und Herrlichkeit. Umso bedeutsamer ist folgende Tatsache, die aus der Antwort des Herrn „Wenn jemand nicht von neuem geboren wird, so kann er das Reich Gottes nicht sehen" deutlich wird: Selbst das messianische irdische Reich, das so genannte Tausendjährige Reich, wird niemand sehen, und niemand wird darin eingehen können als nur die, die eine neue Geburt erlebt haben.

Dieser Grundsatz, den der Herr Jesus im dritten Vers von Johannes 3 nennt, gilt immer, unabhängig davon, in welcher Form das Reich Gottes gerade besteht. Denn die Worte des Herrn werden in ihrer Tragweite nicht durch das Verstehen oder vielmehr Nicht-Verstehen seitens Seiner Zuhörer eingeschränkt, wie uns das Beispiel der Samariterin im nächsten Kapitel unseres Evangeliums deutlich macht. Auch heute kann man das Reich Gottes in seinem sittlichen Charakter, im Christentum, nicht sehen, ohne dass man von neuem geboren ist.

In das Reich Gottes „eingehen"

„Nikodemus spricht zu ihm: Wie kann ein Mensch geboren werden, wenn er alt ist? Kann er etwa zum zweiten Mal in den Leib seiner Mutter eingehen und geboren werden?" (Vers 4).

Die beiden Fragen des Nikodemus in Vers 4 zeigen uns dreierlei: Zuerst, dass das griechische Wort ›*ánothen*‹ in dem Ausdruck ›von neuem geboren werden‹ (Verse 3.7) in diesem Zusammenhang nicht nur ›von oben her‹, sondern tatsächlich ›von neuem‹ bedeutet. So jedenfalls verstand es Nikodemus.

Auch denkt er nur an einen äußeren, fleischlichen Vorgang. Der Herr Jesus aber spricht von einem inneren, geistlichen Vorgang und meint mit der Geburt von oben her nicht etwa eine Art Verjüngung, von der manche träumen. Selbst wenn dies möglich wäre, würde ›Fleisch‹ doch nur ›Fleisch‹ bleiben. Nein, Er spricht von der Notwendigkeit einer völlig neuen Geburt. Das Reich Gottes ist das, was von Gott ist, und um daran teilzuhaben, ist nicht Belehrung, nicht Verbesserung der menschlichen Natur notwendig, sondern eine Natur, die Ihm entspricht. Diese neue, göttliche Natur schenkt Gott dem Glaubenden (2. Pet 1, 4).

Drittens – und davon sprach ich schon – offenbart Nikodemus mit seinen Fragen, dass er, obwohl er der Lehrer Israels war, das Reich Gottes noch nicht einmal zu sehen vermochte. Er verstand in Wahrheit nichts von den Dingen Gottes.

Doch der gnadenvolle Herr lässt den fragenden Nikodemus nicht auf seinem Platz stehen. Er zeigt ihm den Weg zum *Eintritt* in das Reich:

> *„Jesus antwortete: Wahrlich, wahrlich, ich sage dir: Wenn jemand nicht aus Wasser und Geist geboren wird, so kann er nicht in das Reich Gottes eingehen"*
> *(Joh 3, 5).*

Hier beschreibt der Herr, was Er unter „von neuem geboren werden" versteht und wie dieses „Von-neu-em-geboren-Werden" vor sich geht.

Die von Ihm jetzt benutzten Wörter ›Wasser‹ und ›Geist‹ bezeichnen nicht etwa zwei verschiedene Geburten, sondern zwei Aspekte der neuen Geburt. Oder sagen wir es anders: Sie zeigen uns einerseits das *Instrument,* das zur neuen Geburt führt, und andererseits die *göttliche Person,* die es benutzt und ihm Kraft verleiht.

Aus ›Wasser‹ ...

Wasser ist oft in der Heiligen Schrift ein Bild von dem Wort Gottes, angewandt durch den Geist. Es wird auch vom Geist selbst in Seiner Macht benutzt; hier aber ist das Wasser von dem Heiligen Geist unterschieden, weil das ›Wasser‹ den Charakter des *Instruments* zeigt – das, was innerlich mit dem Menschen handelt. Der Heilige Geist benutzt das *Wort Gottes* in Macht, wendet es auf den Zustand der Seele des Menschen an und richtet dadurch alles im Menschen. Das ist zweifellos ein ernster und schmerzhafter Vorgang in der Seele, der aber – wenn er von Buße und Glauben begleitet ist – zum Leben führt (vgl. Apg 11,18: „Buße zum Leben"). Deswegen ist ›Wasser‹ ein treffliches Symbol vom Wort Gottes, weil es in praktischer Hinsicht unsere Gedanken und Herzen reinigt und uns neue Gedanken, Gefühle und Zuneigungen schenkt.

Das Wort Gottes ist die Offenbarung der Gedanken und des Herzens Gottes. Welch eine Gnade, dass durch dieses Wort unsere armseligen Gedanken, auf die wir uns oft so viel einbilden, beiseite gesetzt und die Gedanken Gottes an ihre Stelle gesetzt werden! Oh, im Licht des Wortes Gottes erkennen zu dürfen, was ich von Natur bin: sündig, verderbt vom Scheitel bis zur Sohle, ewig verloren; erfassen zu dürfen, wer Gott ist: Licht und Liebe, ein Heiland-Gott, der mich erretten will; und sehen zu dürfen, wohin mich dieser Gott bringen will: in Seine eigene Herrlichkeit – das ist in der Tat etwas Gewaltiges!

Kein Sünder wurde oder wird je von neuem geboren ohne das Wort Gottes. Immer ist dieses das Werkzeug, das Gott dazu benutzt. Beachten wir unter diesem Blickwinkel die folgenden Zitate aus dem Neuen Testament:

„In Christus Jesus habe ich euch gezeugt *durch das Evangelium*" (1. Kor 4, 15).

„Nach seinem eigenen Willen hat er uns *durch das Wort der Wahrheit* gezeugt" (Jak 1, 18).

„Damit er sie heiligte, sie reinigend *durch die Waschung mit Wasser durch das Wort*" (Eph 5, 26).

„Ihr seid schon rein *um des Wortes willen,* das ich zu euch geredet habe" (Joh 15, 3).

„Die ihr nicht wiedergeboren seid aus verweslichem Samen, sondern aus unverweslichem, *durch das lebendige und bleibende Wort Gottes*"

(1. Pet 1, 23).

Alle diese Stellen zeigen, dass das Wort Gottes (im Bild des Wassers und des Samens) das Instrument zur Wiedergeburt ist. Wir sind „aus Wasser" geboren.

Dass der Herr Jesus, wenn Er von ›Wasser‹ spricht, nicht im Geringsten an das Wasser irgendeiner Taufe denkt, geht wohl aus den zitierten Stellen klar genug hervor. Die Taufe ist zudem ein „Begräbnis" (Röm 6, 4) und in sich selbst nie ein Bild von Leben, noch weniger vermag sie Leben zu geben. Es ist einer der verhängnisvollsten Irrtümer innerhalb der Christenheit, wenn gelehrt wird, dass man durch die christliche Taufe Leben empfange. Wenn göttliches Leben durch den Ritus der Taufe verliehen würde, dann wären die Jünger des Herrn ebenso wenig von neuem geboren wie all die Gläubigen des Alten Testamentes: Sie sind nie mit der christlichen Taufe getauft worden!

... und ›Geist‹

Es handelt sich also bei der neuen Geburt um das Empfangen einer neuen Natur, die vom Geist Gottes kommt. Wasser reinigt, aber es kann aus sich selbst nicht Leben geben. Aber der Heilige Geist teilt dem Glaubenden neues Leben mit, das von Ihm selbst ist und Seinen Charakter trägt. So lesen wir dann im nächsten Vers: „Was aus dem Fleisch geboren ist, ist Fleisch, und was aus dem Geist geboren ist, ist Geist." Alles, was geboren wird, ist von der gleichen Art oder

Natur wie der, der es gebiert oder zeugt. Was das ›Fleisch‹, die sündige Natur des Menschen, hervorbringt, ist wiederum ›Fleisch‹. Es kann keine geistlichen Früchte hervorbringen und kann selbst in keiner Weise verbessert oder veredelt werden. ›Fleisch‹ wird nie ›Geist‹ werden. Du kannst einen Eisenblock so lange schmieden, bis er zu einer dünnen, federnden Gerte wird, aber es ist und bleibt seiner Natur nach das, was es war: Eisen.

Der natürliche Mensch ist von Geburt an durch seine sündige Natur gekennzeichnet. Ob er rau und grob oder fein geschliffen und gebildet ist, ob er ein Gottesleugner oder religiös ist – seine Natur, sein Charakter ist ›Fleisch‹. Vor der Wiedergeburt ist also nur ›Fleisch‹ vorhanden. Aber durch den Glauben an Christus wird der Mensch „aus Gott geboren" (Joh 1, 12.13; 1. Joh 5, 1); er empfängt durch den Geist eine neue Natur, die Natur Gottes (2. Pet 1, 4), das Leben Christi selbst.

Ebenso wenig wie ›Fleisch‹ zu ›Geist‹ werden kann, kann diese neue Natur, die durch den Heiligen Geist bewirkt wird und deren Kraft Er ist, zu ›Fleisch‹ degenerieren: Sie ist als eine Gabe Gottes in sich vollkommen und gut und kann nicht sündigen (1. Joh 3, 9).

Die Bedeutung von ›Fleisch‹

Es scheint jetzt nötig, auf die verschiedenerlei Bedeutung des Ausdrucks ›Fleisch‹ in der Heiligen Schrift näher einzugehen. Nicht immer meint sie mit ›Fleisch‹ genau dasselbe. Erst der Zusammenhang macht deutlich, welche Bedeutung im Einzelnen vorliegt.

Nun müssen wir nicht erwarten, schon im Alten Testament den neutestamentlichen Gebrauch des Wortes ›Fleisch‹ zu finden, als würde schon im Alten Testament die Quelle all des Bösen in uns darunter verstanden. Denn solange der Mensch noch unter der Erprobung durch das Gesetz stand, konnte nicht der verderbte Charakter und Zustand des Menschen völlig ans Licht kommen.

Oft bedeutet ›Fleisch‹ einfach die ›Menschen‹, ›Menschheit‹ oder ›Menschtum‹, vielfach die ganze tierische Schöpfung umfassend. Wir finden diesen Gebrauch des Wortes auch im Neuen Testament: „Das Wort wurde Fleisch" (Joh 1,14), das heißt, der Herr Jesus, das ewige Wort, wurde Mensch, Er nahm ein wirkliches Menschtum an.

In Verbindung mit dem Sündenfall jedoch gewann der Ausdruck ›Fleisch‹ im Alten Testament eine zusätzliche Bedeutung und wird sehr häufig als Symbol der Schwachheit und Unzulänglichkeit des Geschöpfes benutzt. Folgende Stellen aus dem Alten Testament machen das deutlich:

„Mein Geist soll nicht ewiglich mit dem Menschen rechten, da er ja *Fleisch* ist" (1. Mo 6, 3; vgl. hierzu Hiob 7, 17.18; Ps 144, 3).

„Alles *Fleisch* ist Gras" (Jes 40, 6).

„Und er gedachte daran, dass sie *Fleisch* seien, ein Hauch, der dahinfährt und nicht wiederkehrt" (Ps 78, 39).

„Was sollte das *Fleisch* mir tun?" (Ps 56, 4).

„So würde alles *Fleisch* insgesamt verscheiden" (Hiob 34, 15).

„Verflucht ist der Mann, der auf den Menschen vertraut und *Fleisch* zu seinem Arm macht" (Jer 17, 5).

Dieser Gebrauch von ›Fleisch‹ wird auch im Neuen Testament fortgesetzt. So sagt der Herr Jesus: „Der Geist zwar ist willig, das *Fleisch* aber schwach" (Mt 26, 41).

Erst im Evangelium nach Johannes finden wir zum ersten Mal den Ausdruck ›Fleisch‹ als Bezeichnung der bösen, verderbten Natur im Menschen – unseres traurigen Erbteils durch den Sündenfall. Sie ist die böse Quelle im Menschen, der all seine bösen Gedanken und Taten entspringen. In diesem Sinn wird

›Fleisch‹ zum Beispiel in Johannes 1, Vers 13, gebraucht, wo wir von dem „Willen des Fleisches" hören, aus dem die neue Geburt *nicht* hervorgeht.

Zwei Naturen

> *„Was aus dem Fleisch geboren ist, ist Fleisch, und was aus dem Geist geboren ist, ist Geist" (Joh 3, 6).*

Der von neuem Geborene besitzt zwei Naturen, die alte und die neue. Es ist oft eingewandt worden, dass wir in der Heiligen Schrift die Ausdrücke ›alte Natur‹ und ›neue Natur‹ nicht finden; das ist richtig. Aber die Sache selbst finden wir. Sie zu verstehen, trägt sehr zur Befestigung jungbekehrter Seelen bei. Wir wollen daher ein wenig dabei verweilen.

Jeder gläubige Christ hat zwei Geburten erlebt: Die leibliche Geburt und die neue Geburt. Durch die erste wurde er ein Kind seiner Eltern, durch die zweite ein Kind Gottes (Joh 1,12.13). Entsprechend den zwei Geburten können wir mit Recht von *zwei Naturen* sprechen, von zwei Gruppen sittlicher Wesenszüge, die der Gläubige hat: Die eine Reihe entspricht dem irdischen, die zweite dem göttlichen Leben. Als Kinder Adams haben und offenbaren wir die menschliche Natur, als wiedergeborene Kinder Gottes besitzen und offenbaren wir die göttliche Natur. Zudem müssen wir unterscheiden zwischen unserer Natur als *Menschen* (denn Gott hat den Menschen zu Anfang in Aufrichtigkeit erschaffen; Pred 7,29) und unserer Natur als *gefallene* Menschen. Wenn wir von der ›alten Natur‹ reden, meinen wir also die letztere. Die menschliche Natur als solche hingegen werden wir immer behalten, auch werden wir dieselben Persönlichkeiten bleiben – ungeachtet der Veränderungen in Seele und Geist durch die Wiedergeburt oder des Leibes bei der Auferstehung.

Auch ein Schmetterling hat nicht nur *eine* Erscheinungsform: Er musste erst verschiedene Stadien durchlaufen. Zuerst war da nur ein Ei zu sehen, später eine Raupe; noch später sah man dann wohl eine Puppe. Und dann erhob sich eines Tages dieser bunte Schmetterling in die blauen Lüfte! Wir können durchaus zwischen der Natur des Eies und der der Raupe oder der Puppe und so fort unterscheiden; dennoch handelt es sich um das gleiche Wesen oder Geschöpf, das immer die *Natur eines Insektes* behielt. So ist es also auch für uns wichtig, dass wir zu unterscheiden lernen zwischen unserer ›menschlichen Natur‹ und der eigentlichen Persönlichkeit, die vor Gott verantwortlich ist.

Nun ist es gerade für Jungbekehrte oft eine große, verwirrende Schwierigkeit, in sich selbst zwei so völlig entgegengesetzte Quellen, zwei so gänzlich verschiedene Naturen nebeneinander feststellen zu müssen. Zwei Beispiele aus dem göttlichen Lehrbuch der Schöpfung mögen hier ein wenig helfen.

Hast du schon einmal ein Weizenfeld in der freien, unberührten Natur gesehen? Nein, so etwas gibt es nicht: Weizenfelder bestehen nur dort, wo Menschen sind. So gleicht des Menschen Herz von Natur aus einem unbestellten Feld, das nichts anderes als Dornen und Disteln hervorzubringen vermag. Soll gute Frucht hervorkommen, muss Leben, muss Samen von der richtigen Art in den Ackerboden gelangen. Gott pflanzt in der neuen Geburt durch den Samen Seines Wortes die neue Natur in uns ein (vgl. Jak 1,21; 1.Joh 3,9), die als Seine Gabe in sich vollkommen ist. Aber in uns existiert noch das Böse, die alte Natur, ebenso wie Dornen und Disteln in dem Feld, in das der Weizen gesät wird.

Oder nehmen wir das Beispiel eines in einen Wildling eingepfropften Apfelzweiges. Der Wildling als solcher ist für den Obstbauern völlig wertlos. Wohl bringt auch er eines Tages Früchte hervor, aber sie sind ungenießbar. Wenn sich das je ändern soll, hilft alles Umgraben, Düngen und Beschneiden nichts: Es muss neues Leben in ihn hineinkommen. Dies geschieht durch innige Verbindung mit dem knospenden Zweig eines „edlen" Baumes. Wenn die Lebensverbindung durch das Einpfropfen des Apfelzweiges hergestellt ist, nennt der Obstbauer den Baum nicht mehr nach dem Namen des Wildlings, sondern nach dem Namen des edlen Baumes, von dem der knospende Zweig genommen wurde (vgl. 1. Joh 3, 1), weil er Teilhaber der Natur jenes Baumes geworden ist. Der Obstbauer schneidet dann auch all die alten Triebe ab (vgl. Röm 6, 11; Kol 3, 5); denn würde er sie gewähren und wachsen lassen, so würden sich wieder nur wertlose Früchte einstellen, sie trügen ihren alten Charakter.

Nun, das alles illustriert die Worte unseres Herrn: „Was aus dem Fleisch geboren ist, ist Fleisch, und was aus dem Geist geboren ist, ist Geist."

Die Notwendigkeit der neuen Geburt

„Verwundere dich nicht, dass ich dir sagte: Ihr müsst von neuem geboren werden" (Joh 3, 7).

Wenn der Herr Jesus sagt: *„Ihr* müsst von neuem geboren werden", so meint Er damit in erster Linie die Juden. Das Von-neuem-geboren-Werden ist also keineswegs eine auf das Christentum beschränkte oder für das Christentum typische Segnung. Natürlich ist sie für den Himmel unerlässliche Voraussetzung, aber der Herr redet bisher nur von dem „Irdischen" (Vers 12), das heißt von der niedrigeren Sphäre des Reiches Gottes. Selbst die Juden mussten von neuem geboren werden, und Nikodemus hätte als Lehrer Israels zum Beispiel aus Hesekiel 36 wissen sollen, dass die Wiedergeburt eine Verheißung Gottes an Sein irdisches Volk war und dass Israel, um die verheißenen irdischen Segnungen des Reiches genießen zu können, aus Wasser und Geist geboren werden müsse. „Und ich werde euch aus den Nationen holen und euch sammeln aus allen Ländern und euch in euer Land bringen. Und ich werde reines Wasser auf euch sprengen, und ihr werdet rein sein; von allen euren Unreinigkeiten und von allen euren Götzen werde ich euch reinigen. Und ich werde euch ein neues Herz geben und einen neuen Geist in euer Inneres geben; und ich werde das steinerne Herz aus eurem Fleisch wegnehmen und euch ein fleischernes Herz geben. Und ich werde meinen Geist in euer Inneres geben; und ich werde machen, dass ihr in meinen Satzungen wandelt und meine Rechte bewahrt und tut" (Hes 36, 24–27).

Welch eine dringende Notwendigkeit also für den Israeliten, von neuem geboren zu werden, wenn er je in das Reich Gottes eingehen wollte! Welch eine dringende Notwendigkeit auch für jeden Menschen, wenn er nicht ewig verloren gehen will! Denn beachte, lieber Leser: Entweder bist du von neuem geboren und gereinigt und damit passend für den Himmel, oder du bist noch tot und in deinen Sünden und damit passend für die Hölle. Einen Zwischenweg gibt es nicht. Überhaupt, was wollte der nicht erneuerte Mensch im Himmel? Dort ist nichts, was sein Herz glücklich machen könnte. Denn dort ist Christus, dort ist die Herrlichkeit und das Licht Gottes. Könnte er wirklich den Himmel erreichen, er würde ihn, so schnell er kann, wieder verlassen. –

Aus Gott geboren

Wohl haben wir Christen andere, höhere Segnungen, als Israel sie haben wird. Ihre Segnungen sind irdischer, unsere sind himmlischer Natur. Aber um in sie eintreten, um Gott sehen und genießen zu können, bedarf es der Mitteilung eines neuen Lebens, des Lebens und der Natur Gottes selbst. Dieses geistliche Leben kann nur Gott in dem Menschen hervorrufen, es ist ein unfassbar kostbares Geschenk aus der Hand Gottes. Aber Er verleiht es nur dem, der an den Namen Seines Sohnes Jesus Christus glaubt. Zwei Schriftworte mögen das untermauern:

> *„Jeder, der da **glaubt**, dass Jesus der Christus ist, ist **aus Gott geboren**"* (1. Joh 5, 1).

*„Er war in der Welt, und die Welt wurde durch ihn, und die Welt kannte ihn nicht. Er kam in das Seine, und die Seinen nahmen ihn nicht an; so viele ihn aber aufnahmen, denen gab er das Recht, Kinder Gottes zu werden, denen, **die an seinen Namen glauben,** die nicht aus Geblüt, noch aus dem Willen des Fleisches, noch aus dem Willen des Mannes, sondern **aus Gott geboren** sind" (Joh 1,10–13).*

Merken wir es jetzt, wie verfänglich, wie irreführend jene eingangs erwähnte Grabinschrift wirklich ist?

EX DEO NASCIMUR –
WIR SIND AUS GOTT GEBOREN

Unermessliches Vorrecht, das sagen zu können, zu wissen, dass wir, die wir an den Namen Seines Sohnes geglaubt haben, aus Gott geboren und dadurch zu Kindern Gottes geworden sind! Aber dieser Glaube ist nicht aller Teil und somit auch nicht die Segnung, die damit verbunden ist. Deswegen ist es so tückisch, die Menschen in Sicherheit zu wiegen durch die Aussage, dass sie ja schließlich alle aus Gott geboren sind und damit schon alles gut sei.

Woher ich weiß, dass ich aus Gott geboren bin, dass ich neues, göttliches Leben habe? Weil ich das fühle? Nein, weil ich an den Herrn Jesus als meinen persönlichen Heiland glauben darf. Ich fühle es genauso wenig, wie ich fühle, dass ich die Vergebung der Sünden habe. Ich weiß es aus Gottes Wort. Es ist kein rein intellektuelles Wissen, sondern ein Wissen des Herzens, das sich glaubensvoll auf das stützt, was Gott gesagt hat.

Zudem, ich liebe jetzt die „Brüder", die Kinder Gottes; denn „wir wissen, dass wir aus dem Tode in das Leben hinübergegangen sind, weil wir die Brüder lieben" (1. Joh 3, 14). Ich liebe jetzt Gott, ich liebe den Herrn Jesus, ich liebe die Gedanken und das Wort Gottes, ich liebe Sein Werk in dieser Welt, ich liebe den verlorenen Menschen. Das alles hatte ich vordem nicht.

Diese Dinge sind der Beweis dafür, dass neues Leben vorhanden ist. „Jeder, der liebt, ist aus Gott geboren" (1. Joh 4, 7). Doch „wir lieben, weil er uns zuerst geliebt hat" (Vers 19). Gott sei ewig Dank dafür!

„Der Wind weht, wo er will"

> *„Der Wind weht, wo er will, und du hörst sein Sausen, aber du weißt nicht, woher er kommt, und wohin er geht; so ist jeder, der aus dem Geist geboren ist" (Joh 3, 8).*

Diese Worte des Herrn machen deutlich, wie groß die Geheimnisse bezüglich der neuen Geburt sind und dass die neue Geburt durchaus eine souveräne (unumschränkte) Handlung Gottes ist. Dennoch ist es völlig irreführend zu lehren – was leider oft geschieht –, dass die Wiedergeburt dem Glauben *voraufgehe*. Unser fünfter Vers zeigt ebenso wie 1. Petrus 1, Vers 23; Jakobus 1, Vers 18, und andere Stellen, dass die neue Geburt durch das Wort Gottes geschieht, durch den Heiligen Geist. Sie kann nicht vom Wort Gottes und dem Glauben an das Wort getrennt werden: „Also ist der Glaube aus der Verkündigung, die Verkündigung aber durch Gottes Wort" (Röm 10, 17).

Der dritte Vers von Johannes 3 „Wenn jemand nicht von neuem geboren wird, so kann er das Reich Gottes nicht sehen" und der 16. Vers „damit jeder, der an ihn glaubt, nicht verloren gehe, sondern ewiges Leben habe" müssen immer zusammengehen. Eine solche Anomalie ist nicht möglich, dass jemand schon von neuem geboren ist und dem Evangelium noch nicht geglaubt hat! Die göttliche Reihenfolge in Epheser 1, Vers 13, ist: *gehört – geglaubt – versiegelt*. Gott gibt, wie wir gesehen haben, nur denen das Recht, Kinder Gottes zu werden, die „an seinen Namen glauben".

Und noch etwas möchte ich in Verbindung mit diesem Vers bemerken. Die neue Geburt ist eine geheimnisvolle Sache, die sich dem Analysieren durch den menschlichen Verstand entzieht. Wir können nicht einmal verstehen, wie das natürliche Leben in der sichtbaren Schöpfung Gottes entsteht. Wie viel weniger das Entstehen des geistlichen Lebens im Menschen! Wir können wohl gewisse Dinge unterscheiden und wahrnehmen, aber wir können sie nicht erklären. Wie der Wind (im Griechischen dasselbe Wort wie ›Geist‹) unsichtbar ist, aber gehört und an seinen Wirkungen erkannt wird, so verhält es sich auch mit dem Heiligen Geist und dem aus Ihm Geborenen: Die Dinge sind vorhanden und können an ihren Wirkungen erkannt werden, aber sie liegen jenseits unseres Fassungsvermögens.

Der himmlische Zeuge

Doch was bedeuten die fast beschwörenden Worte des Herrn in Vers 11: „Wahrlich, wahrlich, ich sage dir: Wir reden, was wir wissen, und bezeugen, was wir gesehen haben"? Und wer ist das – „WIR"? Der Herr Jesus spricht hier von Sich als Dem, der vollkommen eins mit der Gottheit, der selbst Gott ist und sagt: „WIR" – das ist GOTT. Zudem benutzt Er für ›wissen‹ ein Wort (*oídamen*), das nicht angelernte, sondern intime, innerliche, wirkliche, bewusste und persönliche Kenntnis bedeutet. Unser teurer Herr spricht nicht nur, wie die Propheten sprachen: inspiriert und mit göttlicher Autorität, sondern wie Einer, der vollkommen mit Gott vertraut ist, weil Er Gott ist; Er redet, wie nur Der reden kann, der Gott und Seine Herrlichkeit bewusst kennt. Seine Kenntnis von den göttlichen Dingen war absolut und völlig unabhängig von irgendeiner Offenbarung, die Er erst hätte erhalten müssen. Nein, Er kannte die Dinge ihrem Wesen nach, von ihrem Grund her. Das gibt den oft so einfach klingenden Worten unseres Herrn eine so unergründliche Tiefe, gepaart mit unvergleichlicher Treffsicherheit in der Ausdrucksweise. In der Tat, in Seinen Worten finden wir göttliche Belehrung von unschätzbarem Wert!

Aber dann sagt der Herr noch, dass Er von dem zeugt, was Er „gesehen" hatte. Wie kostbar ist auch dies! Er sprach von den Szenen himmlischer Herrlichkeit, in der Er sich aufgehalten hatte. Er sprach davon, was dieser Herrlichkeit angemessen, was nötig ist, um daran teilzuhaben. Oh, wie nahe ist uns Gott in Ihm gekommen, wie hat sich Gott in Ihm offenbart – in Ihm, einem Menschen – uns, den Menschen! Und nun haben wir die neue Natur und haben durch sie Gemeinschaft mit Gott. Dafür sei Gott in Ewigkeit Dank gesagt durch Jesus Christus, unseren Herrn!

Doch ist es zu fassen, dass man einem solchen Zeugnis eines solchen Zeugen gleichgültig oder ablehnend gegenüberstehen kann? Dennoch ist es wahr: Wie damals die Juden, so verwerfen heute die Christen im Allgemeinen dieses Zeugnis Christi. Niemand war je hinaufgestiegen in den Himmel (Vers 13), um von dort Worte zu bringen. Aber Er war von dorther gekommen und konnte somit vollkommen mitteilen, was dort ist, was immer dort war. Kann Gott für diejenigen, die Seinem Sohn und dessen Zeugnis nicht glauben, eine andere Antwort haben als Gericht? So hören wir denn auch in unserem Kapitel die ernsten Worte: „Wer an ihn glaubt, wird nicht gerichtet; wer aber nicht glaubt, ist schon gerichtet, weil er nicht geglaubt hat an den Namen des eingeborenen Sohnes Gottes" (Vers 18). Und: „Wer an den Sohn glaubt, hat ewiges Leben; wer aber dem Sohn nicht glaubt, wird das Leben nicht sehen, sondern der Zorn Gottes bleibt auf ihm" (Vers 36).

Oh, glückselig die, die durch den Glauben an den Herrn Jesus „AUS DEM TODE IN DAS LEBEN übergegangen" sind (Joh 5,24)! Mein lieber Leser, gehörst du zu dieser glücklichen Schar? Oder ist bereits der Zorn Gottes auf dir, ohne dass du es weißt? Lass dich warnen mit den ergreifenden Worten Gottes an Sein irdisches Volk, als es im Begriff stand, das verheißene Land in Besitz zu nehmen: „Ich nehme heute den Himmel und die Erde zu Zeugen gegen euch: das LEBEN und den TOD habe ich euch vorgelegt, den Segen und den Fluch! So wähle das LEBEN, auf dass du lebest!" (5. Mo 30,19).

Ein göttliches ›Muss‹

„Und wie Mose in der Wüste die Schlange erhöhte, so muss der Sohn des Menschen erhöht werden, damit jeder, der an ihn glaubt, nicht verloren gehe, sondern ewiges Leben habe" (Joh 3, 14.15).

Der Herr Jesus kommt nun in Vers 14 auf Seinen Tod am Kreuz und damit auf die Grundlage für alle Segnungen zu sprechen und führt den Gedanken mit diesem ergreifenden ›MUSS‹ ein: „… so *muss* der Sohn des Menschen erhöht werden." Warum „muss"?, mögen wir fragen. Tat Er das Werk am Kreuz nicht freiwillig? Ganz gewiss! Aber der Heiland redet von der absoluten Notwendigkeit Seines Sterbens, und zwar in zweierlei Hinsicht:

❏ Gottes heilige und gerechte Natur auf der einen Seite und unser verlorener Zustand auf der anderen erforderten *Sühnung*. Gott muss mit der ganzen Autorität Seiner Gerechtigkeit das Böse richten. Wenn je ein sündiger Mensch zu Gott kommen sollte, *musste* Sühnung geschehen. „Nein, Nikodemus, nicht ein auf der Erde lebender Messias, sondern ein sterbender (ein ans Kreuz „erhöhter") Sohn des Menschen war nötig." Allein in dem Kreuz Christi ist die heilende, rettende Kraft für den durch den Schlangenbiss der Sünde verlorenen Menschen zu finden.

❑ Aber Gott ist auch *Liebe;* sie ist der Ausfluss Seiner Natur. In dieser Liebe ist Er souverän über alles, auch über das Böse, das Er richten muss. Und in dieser souveränen Freiheit liebte Gott die Welt – das heißt nicht nur die Juden, sondern *alle* Menschen. Wunderbare Tatsache: Die Liebe gibt – gibt den eingeborenen Sohn! Wenn sich Gott in Seiner Liebe offenbaren wollte, dann *musste* der Sohn des Menschen erhöht werden. Gott wollte sich nicht nur in dem Charakter des *Richters* offenbaren, sondern Er wollte, dass wir Ihn als unseren *Vater* kennen. Die Liebe Gottes ist der Ausgangspunkt aller Seiner Wege, und mit dankbaren, anbetenden Herzen dürfen wir dieses göttliche ›Muss‹ auch mit Seiner Liebe erklären.

Verloren gehen

Wir haben schon gesehen, dass der natürliche Mensch geistlich tot ist: Ist er noch nicht mit seinen Sünden zu Gott gekommen und hat er somit auch noch nicht die neue Geburt erlebt, so ist er tot – tot für Gott und Sein Reich. Vielleicht könnte jemand geneigt sein zu glauben, dass dies das Schlimmste schließlich nicht sei. Oh, es ist sehr schlimm! Denn man wird entweder im Himmel oder in der Hölle sein. Man empfängt entweder ewiges Leben oder ewiges Verderben. Zwei Mal bestätigt der Herr Jesus in diesen Versen indirekt, dass der Mensch, bleibt er in seinem Zustand des Unglaubens, *verloren geht:*

> *„... damit jeder, der an ihn glaubt, **nicht verloren gehe,** sondern ewiges Leben habe. Denn so hat Gott die Welt geliebt, dass er seinen eingeborenen Sohn gab, damit jeder, der an ihn glaubt, **nicht verloren gehe,** sondern ewiges Leben habe"* (Verse 15.16).

Demjenigen, der an Ihn, den Sohn Gottes, glaubt, verleiht Er unermessliche Segnungen, wie wir im nächsten Abschnitt sehen werden. Wer aber nicht an Ihn glaubt, geht verloren. Erschütterndes Wort – *verloren gehen!* Da mögen Theologen und christliche

Prediger in ihren Ansprachen und Andachten noch
so viel von dem „besseren Ich" und dem „göttlichen
Funken" im Menschen reden, der nur in der richtigen
Weise angefacht werden müsse – Gottes Wort sagt,
dass er tot ist und dass er verloren geht. „Da ist kein
Gerechter, auch nicht einer; da ist keiner, der verstän-
dig ist; da ist keiner, der Gott sucht. Alle sind abgewichen, sie sind allesamt untauglich geworden; da ist
keiner, der Gutes tut, da ist auch nicht *einer*" (Röm
3, 10–12).

Das hören die Menschen nicht gern. Aber es ist
die Wahrheit Gottes. Es ist unverantwortlich, diese
Wahrheit nicht zu verkündigen; und es ist verhäng-
nisvoll, dieser Wahrheit nicht ins Angesicht zu sehen.
Der Mensch ohne Glauben an den Herrn Jesus geht
verloren. Er ist bereits auf diesem Weg. Er muss ihn
nicht erst noch betreten, er geht ihn schon. Die vier
folgenden Zitate aus der Heiligen Schrift zeigen das
unmissverständlich. Dabei ist zu beachten, dass in
dem ersten und dritten Zitat klar zwischen Menschen,
die *verloren gehen,* und solchen, die *errettet werden,*
unterschieden wird.

„Denn das Wort vom Kreuz ist denen, die *verloren gehen,* Torheit; uns aber, die wir *errettet werden,*
ist es Gottes Kraft" (1. Kor 1,18).

„Wenn aber auch unser Evangelium verdeckt ist, so ist es in denen verdeckt, die *verloren gehen,* in denen der Gott dieser Welt den Sinn der Ungläubigen verblendet hat" (2. Kor 4, 3).

„Denn wir sind für Gott ein Wohlgeruch Christi in denen, die *errettet werden,* und in denen, die *verloren gehen;* den einen ein Geruch vom Tode zum Tode, den anderen aber ein Geruch vom Leben zum Leben" (2. Kor 2, 15.16).

„... denen, die *verloren gehen,* darum, dass sie die Liebe zur Wahrheit nicht annahmen, damit sie errettet würden" (2. Thes 2, 10).

Es gibt **zwei Wege** und damit auch **zwei Gruppen** von Menschen. Der eine Weg ist breit, und er führt zum Verderben. Viele gehen ihn. Das ist die eine Gruppe von Menschen – eine sehr große Gruppe. Der andere Weg ist schmal, und er führt zum Leben. Nur wenige sind, die ihn finden. Doch ich zitiere besser die Worte des Herrn Jesus dem genauen Wortlaut nach:

> *„Geht ein durch die enge Pforte; denn weit ist die Pforte und breit der Weg, der zum Verderben führt, und viele sind, die durch sie eingehen. Denn eng ist die Pforte und schmal der Weg, der zum Leben führt, und wenige sind, die ihn finden" (Mt 7, 13.14)*

Und wenn der Herr Jesus als Sohn des Menschen auf Seinem Thron der Herrlichkeit sitzen und die Lebendigen richten wird, dann wird Er die Nationen voneinander scheiden, wie der Hirte die Schafe von den Böcken scheidet.

> *„Und er wird die Schafe zu seiner Rechten stellen, die Böcke aber zur Linken. Dann wird der König zu denen zu seiner Rechten sagen: Kommt her, Gesegnete meines Vaters, erbt das Reich, das euch bereitet ist von Grundlegung der Welt an ...“*
>
> *„Dann wird er auch zu denen zur Linken sagen: Geht von mir, Verfluchte, in das ewige Feuer, das dem Teufel und seinen Engeln bereitet ist ...“*
>
> *„Und diese werden hingehen in die ewige Pein, die Gerechten aber in das ewige Leben“* (Mt 25, 31–46).
>
> *„Wenn er Vergeltung gibt denen, die Gott nicht kennen, und denen, die dem Evangelium unseres Herrn Jesus Christus nicht gehorchen; die Strafe erleiden werden, ewiges Verderben vom Angesicht des Herrn“* (2. Thes 1, 8.9).

Wie überaus ernst: Zwei verschiedene *Wege* – der eine breit, der andere schmal. Auf dem einen befinden sich viele Menschen, den anderen finden nur wenige.

Zwei unterschiedliche *Arten von Menschen* – die einen glauben an den Herrn Jesus, die anderen glauben nicht; die einen haben ewiges Leben und werden als Kinder Gottes, als Gerechte anerkannt; die anderen gehen verloren und werden am Tag des Gerichts Verfluchte genannt.

Zwei entgegengesetzte *Endziele* oder Aufenthaltsorte der Menschen – die einen erben das Reich Gottes und gehen ins ewige Leben ein; die anderen erleiden ewiges Verderben und gehen ins ewige Feuer, in die ewige Pein, in den See, „der mit Feuer und Schwefel brennt, welches der zweite Tod ist" (Off 21, 8).

So unerbittlich ernst, so über Tod und Leben entscheidend sind diese Aussagen der Heiligen Schrift, dass Satan von Anfang an versucht hat, sie durch allerlei Irrlehren zu schwächen und zu entkräften. Schon immer war es seine Taktik zu fragen: „Hat Gott wirklich gesagt?" Dass doch niemand unter meinen geschätzten Lesern seiner Einflüsterung Gehör schenke, das Schicksal des Menschen sei nach seinem Tod nicht endgültig besiegelt, man könne sich auch später noch bekehren, und ewig sei gar nicht ewig! Wenn Gott von Menschen sagt, dass sie verloren gehen, meint Er damit, dass sie *nicht* verloren gehen? So darf man nicht einmal mit dem Wort eines ehrenwerten Menschen umgehen, geschweige denn mit dem Wort des allmächtigen und allwissenden Gottes. Und Gottes Wort erklärt selbst, was es mit „ewig" meint: eben *nicht* „zeitlich", *nicht* „durch die Zeit begrenzt" (2. Kor 4, 17.18).

Aber Gott will nicht, dass der Mensch verloren gehe. Er liebt ihn und will, „dass alle Menschen errettet werden und zur Erkenntnis der Wahrheit kommen" (1. Tim 2, 4). Deswegen hat Er Seinen eingeborenen Sohn in diese Welt gesandt, „damit jeder, der an ihn glaubt, *nicht verloren gehe* ..." Unergründliche Gnade Gottes! Ihm sei Dank für Seine unaussprechliche Gabe!

Wenden wir uns nun noch den kostbaren Ergebnissen des Sühnungswerkes Christi zu, die denen zuteil werden, die an Seinen Namen glauben.

Ewiges Leben

Der Herr Jesus hatte von der Notwendigkeit der neuen Geburt gesprochen und gezeigt, wie sie zustande kommt. Nun, da der Herr von Seinem Sühnungswerk am Kreuz und von den herrlichen Segnungen redet, die Er als dessen Ergebnis dem an Ihn Glaubenden schenken will, wechselt Er Seine Ausdrucksweise und spricht nicht länger von „neuer Geburt", sondern von „ewigem Leben":

> *„Damit jeder, der an ihn glaubt, nicht verloren gehe, sondern **ewiges Leben** habe. Denn so hat Gott die Welt geliebt, dass er seinen eingeborenen Sohn gab,*

*damit jeder, der an ihn glaubt, nicht verloren gehe,
sondern **ewiges Leben** habe"* (Joh 3, 15.16).

Es ist der Ratschluss der Liebe Gottes, dass wir alles
mit Christus teilen sollen (Seine Gottheit natürlich
ausgenommen). Aber auch die neue Geburt können
wir nicht mit Ihm teilen; denn Er, der eingeborene
Sohn des Vaters, hatte nie eine solche nötig. Doch das
ewige Leben sollen und dürfen wir mit Ihm teilen.
Oh, welch eine unermessliche Gnade ist es, in dem
Sohn *ewiges Leben* zu haben!

Lasst uns noch, ehe wir zum Schluss kommen,
ein wenig bei diesem Ausdruck stehen bleiben, wenngleich uns die Grenzen unseres Erfassens göttlicher
Wahrheit sogleich bewusst werden.

Wenn wir die verschiedenen Stellen des Neuen Testaments anschauen, die über das ewige Leben sprechen, dann können wir die einzelnen Aussagen wie
folgt zusammenfassen:

›Ewiges Leben‹ ist geistliches, göttliches Leben,
durch das wir in den Stand versetzt werden, Gott
zu erkennen und zu genießen (Joh 17, 3). Es ist nicht
nur Unsterblichkeit: ein Leben nicht nur ohne Ende,
sondern auch ohne Anfang. Es gehört zu einer Welt
außerhalb unserer Sinne (2. Kor 4, 18). 1. Johannes 1
zeigt, dass Christus selbst das ewige Leben ist, das
bei dem Vater war und uns offenbart worden ist. Wer

nun den Sohn hat, hat auch das Leben (1. Joh 5, 11.12).
In Epheser 1, Verse 4.5, wird uns dieses Leben in seinem **doppelten Charakter** als Natur und Stellung gezeigt. Ewiges Leben ist

☐   das, was der *Natur* Gottes entspricht, was Christus persönlich war und ist (heilig und untadelig vor Ihm in Liebe);

☐   unsere *Beziehung* zum Vater als Söhne vor Ihm; es ist die Stellung Christi selbst.

So können wir zusammenfassend sagen, dass ›ewiges Leben‹ die gesegnete Stellung ist, in die uns die Liebe Gottes gebracht hat und die diese Liebe Gottes in Bezug auf uns vollkommen befriedigt. Es war der große Vorsatz Gottes in all Seinem Handeln in Gnade, uns mit Sich selbst in Gemeinschaft zu bringen. Kraft des ewigen Lebens nun genießen wir die Liebe des Vaters und des Sohnes und sind zur Gemeinschaft mit dem Vater und mit Seinem Sohn Jesus Christus befähigt (1. Joh 1, 3).

Wunderbare, vollkommene Segnung! Wir sind nicht nur vor Gott gerechtfertigt, nicht nur von Ihm angenommen worden, sondern wir teilen mit Ihm dieselben Gedanken und Empfindungen: Er hat sie in Sich selbst, wir haben sie von Ihm, aber es sind dieselben.

Weil Christus unser Leben ist, haben wir das unermessliche Vorrecht der Gemeinschaft mit göttlichen Personen: Wir freuen uns mit dem Vater über den Sohn und mit dem Sohn über den Vater. –

Etwas noch Größeres, liebe Freunde, gibt es nicht – selbst nicht im Himmel!

Vom Kreuz zum Paradies

MIT DIESEM KAPITEL wenden wir uns einer Szene zu, die von nicht zu überbietender Schönheit und Innigkeit ist. Sie zeigt uns den Herrn Jesus am Kreuz in tiefer Schmach und Erniedrigung.

Und doch dürfen wir Worte unermesslicher Gnade von Seinen Lippen hören. Von den sieben Worten des Erlösers am Kreuz handelt es sich um den zweiten Ausspruch – und er gilt einem zum Tod verurteilten Verbrecher! Lasst uns dieses Bild mit Ehrfurcht betrachten und in unser Herz aufnehmen!

> *„Einer aber der gehängten Übeltäter lästerte ihn und sagte: Bist du nicht der Christus? Rette dich selbst und uns!*
>
> *Der andere aber antwortete und wies ihn zurecht und sprach: Auch du fürchtest Gott nicht, da du in demselben Gericht bist? – und wir zwar mit Recht, denn wir empfangen, was unsere Taten wert sind; dieser aber hat nichts Ungeziemendes getan. Und er sprach zu Jesus: Gedenke meiner, Herr, wenn du in deinem Reich kommst!*
>
> *Und er sprach zu ihm: Wahrlich, ich sage dir: Heute wirst du mit mir im Paradies sein"*
>
> *(Lk 23, 39–43).*

Unter die Gesetzlosen gerechnet

Unvergleichliche, herzbewegende Szene: Drei Kreuze auf dem Hügel Golgatha! An dem in der Mitte hängt der Heiland, von den Menschen verworfen, von den Seinen verlassen; rechts und links von Ihm – Übeltäter.

Trotz aller Schmerzen, trotz aller Qual findet die Liebe Jesu Kraft und Gelegenheit, in die Sorgen anderer einzutreten, ja, für die nach Seinem Blut lechzenden Feinde zu beten: „Vater, vergib ihnen, denn sie wissen nicht, was sie tun!"

Dennoch wird Ihm für Seine Liebe nur Hass erwidert, schlägt Ihm nur feindseliger Hohn und Spott entgegen – von allen, von den Hohenpriestern und Schriftgelehrten, von den Vorübergehenden, von den römischen Soldaten. Auch von den beiden Kreuzen neben Ihm tönen lästernde Worte herüber.

Kein Unterschied

Diese beiden mit Jesus gekreuzigten Räuber zeigen nur zu deutlich, dass Gottes Urteil über den Menschen vollkommen wahr ist:

*„Denn es ist **kein Unterschied,** denn alle haben gesündigt und erreichen nicht die Herrlichkeit Gottes"* (Röm 3, 22.23).

„Kein Unterschied" – bittere Wahrheit! Alle haben gesündigt, und keiner erreicht aus eigener Kraft die Herrlichkeit Gottes. Hast du dich dieser Wahrheit schon gebeugt? Aber diese Szene offenbart noch etwas überaus Demütigendes, worin es ebenfalls keinen Unterschied gibt und worauf ich nun zu sprechen kommen möchte.

Nach Matthäus 27, Vers 44, und Markus 15, Vers 32, besteht kein Zweifel darüber, dass anfangs *beide* Räuber schmähten. Gab es das je, dass Gefangene in solcher Lage noch einen Mitgefangenen lästern? Doch hier wird die erschütternde Wahrheit sichtbar, dass das menschliche Herz in Feindschaft ist gegen Gott (Röm 8, 7), dass es auch in dieser Hinsicht *keinen Unterschied* gibt: In jedem nichterneuerten Herzen ist ein feindliches Gefühl gegen den Herrn Jesus, gegen die in Ihm vollkommen offenbarte Güte Gottes. Weder die unvergleichliche Liebe des Herrn auf der einen Seite, noch das eigene Elend und Leid der Menschen auf der anderen ändern etwas daran. Es ist ernst zu sehen, was das menschliche Herz ist, wenn es sich selbst überlassen ist: Satan beherrscht es! Es gibt keinen natürlichen Menschen, der sich freut, wenn er von dem Herrn Jesus hört. Er findet keine Schönheit in Ihm. Noch einmal frage ich: Was will ein solcher Mensch eigentlich im Himmel? Könnte er je dorthin kommen, so würde er ihm so schnell wie möglich zu entfliehen suchen, denn er fände dort nur das, was er von ganzem Herzen hasst: die Person Jesu, die Liebe Gottes, das Licht Gottes.

Die Feindschaft des menschlichen Herzens gibt sich früher oder später durch Worte kund, die über die Lippen der Menschen kommen. Hier, angesichts des leidenden Christus, „höhnen" die Obersten, „verspotten" Ihn die Soldaten und „lästert" Ihn der Übeltäter. Und wiederum wird sichtbar, dass zwischen diesen so verschiedenen Gruppen der menschlichen Gesellschaft in Wahrheit „kein Unterschied" besteht, denn sie sagen tatsächlich alle dasselbe. Doch hören wir ihre Worte!

„Es höhnten aber auch die Obersten und sagten: Andere hat er gerettet; *er rette sich selbst,* wenn dieser der Christus ist, der Auserwählte Gottes!"

(Lk 23, 35).

„Aber auch die Soldaten verspotteten ihn, indem sie herzutraten, ihm Essig brachten und sagten: Wenn du der König der Juden bist, *so rette dich selbst!"* (Verse 36.37).

„Einer aber der gehängten Übeltäter lästerte ihn und sagte: Bist du nicht der Christus? *Rette dich selbst* und uns!" (Vers 39).

„Rette dich selbst und uns." Welche Torheit! Ebenso wenig wie die Obersten und die Soldaten wusste der Übeltäter, was Errettung ist: Ein Christus, der sich selbst rettete, hätte nicht der Retter anderer werden können.

Bekehrung und Frieden

Aber trotz all der Feindschaft und Bosheit des Menschen wirkt die Gnade Gottes, wirkt an Menschen, die gleich schlecht und gleich verloren sind. In der Gesinnung und den Worten des einen Räubers sehen wir plötzlich einen raschen Wechsel sich vollziehen. Er, der eben noch selbst den Herrn Jesus geschmäht hat, weist nun den anderen deswegen zurecht:

> *„Der andere aber antwortete und wies ihn zurecht und sprach: Auch du fürchtest Gott nicht, da du in demselben Gericht bist? – und wir zwar mit Recht, denn wir empfangen, was unsere Taten wert sind; dieser aber hat nichts Ungeziemendes getan"*
>
> *(Verse 40.41).*

Dieser plötzliche Wechsel zeigt uns, dass dieser Mann jetzt ›bekehrt‹ war, und wir möchten dies zum Anlass nehmen, auf den Unterschied zwischen ›Bekehrung‹ und dem Erlangen des ›Friedens mit Gott‹ hinzuweisen. Erstere ist zumeist ein sich rasch vollziehender Vorgang, wenn auch nicht unbedingt als solcher sichtbar; zum letzteren führt oft erst ein längerer Prozess in der Seele.

BEKEHRUNG ist das Sich-Hinwenden der Seele zu Gott in der gläubigen Annahme der *Person* Jesu. Der FRIEDEN dagegen hängt – wie wir bereits gesehen haben – davon ab, dass sich der Mensch dem unterwirft, was Gott in Seiner Gerechtigkeit im *Werk* Christi vollendet hat.

Manches Hindernis, manches Niedergeworfensein, manche Unruhe und Enttäuschung, deren Wurzel in dem Nicht-Zerbrochensein des eigenen Ichs zu finden ist, muss erst überwunden werden, ehe der Mensch bereit ist, sich im Glauben völlig und allein auf die Vollgültigkeit des *Werkes* Christi zu stützen, auf die herrliche Tatsache, dass ER Frieden gemacht hat durch das Blut Seines Kreuzes (Kol 1,20). Wo eine gläubige und schlichte Annahme des Evangeliums vorhanden ist, da tritt auch der bekehrte Mensch in den Genuss des Friedens ein.

Im Licht Gottes

„Der andere aber antwortete und wies ihn zurecht und sprach: Auch du fürchtest Gott nicht, da du in demselben Gericht bist?" (Lk 23, 40).

Die Warnung des bekehrten Räubers an seinen Genossen enthüllt zunächst, dass er mit seinem Gewissen in das Licht Gottes gekommen ist: Er offenbart wahre Gottesfurcht. „Die Furcht Jehovas (Jahwes) ist der Weisheit Anfang" (Spr 9, 10). Wer noch nie bewusst in der Gegenwart Gottes war, ist noch ein Tor; für ihn hat die Weisheit noch nicht begonnen.

Es gibt keine wahre Gottesfurcht ohne Glauben. Sie ruft nicht nur Hoffnung und Vertrauen auf Gott hervor, sondern auch das tiefe Bewusstsein davon, was es heißt, ein sündiger Mensch in Seinen Augen zu sein. „Wir zwar mit Recht" – dieser Mann erkennt nicht nur die Sünde als Sünde an, sondern er bekennt: *„Ich* bin ein Sünder, diesen Platz im Gericht habe ich *verdient."* Er ist selbst im Licht Gottes, und er hat selbst Licht.

Es ist wunderbar zu sehen, wie der wiedergeborene Mensch – ohne bereits belehrt zu sein, gleichsam instinktgemäß – die Dinge Gott gemäß zu unterscheiden vermag kraft der neuen Natur. In der Tat, diese drei Männer waren „in demselben Gericht", dem Gericht des qualvollen Kreuzestodes. Das war die äußere, für alle sichtbare Tatsache.

Doch welche Unterschiede in den Augen Gottes! Und dieser Mann sah sie: Der eine – ein unbußfertiger Sünder; der andere, er selbst – ein bußfertiger Sünder; und dann dieser Eine in der Mitte, dieser Makellose! Er blickt jetzt weg von sich und schaut die Vollkommenheit Jesu.

Oh Geliebte, das ist wahre *Demut:* nicht der Versuch, möglichst schlecht von uns zu denken, sondern das von Gott bewirkte Bewusstsein, dass wir zu schlecht sind, um überhaupt länger an uns zu denken, weil wir die Vollkommenheit des Heilands, des Sohnes Gottes, des Menschen Christus Jesus gesehen haben.

Nichts Ungeziemendes

Dieser Mann wird unversehens zu einem Prediger der Gerechtigkeit. Er verliert keine Zeit damit, über die Eigentümlichkeit dessen nachzudenken, dass gerade aus seinem Mund solche Worte hervorkommen:

> *„Wir zwar mit Recht, denn wir empfangen, was unsere Taten wert sind; dieser aber hat **nichts Ungeziemendes** getan" (Vers 41).*

Es war, als hätte er den Herrn Jesus sein Leben lang gekannt. Sein Auge gleitet gleichsam über das ganze Leben Christi und erblickt nur Vollkommenheiten. Er kennt Ihn und glaubt, dass Er der Herr, der Sohn Gottes, ist. Er war von Gott gelehrt, hatte das Lamm Gottes gesehen, und er kommt zu diesem Ergebnis: „nichts Ungeziemendes!" Nie hat der Herr Jesus etwas getan oder gedacht oder gesprochen, was „nicht am Platz" gewesen wäre; denn das ist die wörtliche Bedeutung des von diesem Mann benutzten Ausdrucks. *Nichts Ungeziemendes"* – wunderbares Zeugnis über den Herrn!

Wie unendlich viel weiter geht es als der Ausspruch des Pilatus „Ich finde *keine Schuld* an Ihm"! Dieser Römer hatte Ihn trotz alledem aufgegeben; und der Hohepriester hatte das Zeugnis Jesu, dass Er der Christus, der Sohn Gottes, sei, als Lästerung behandelt. Aber dieser Mann hat durch die Gnade ein einfältiges Auge voller Licht und erkennt nicht allein die Unschuld, sondern die Heiligkeit und Makellosigkeit des Herrn: „Dieser aber hat nichts Ungeziemendes getan."

Das stand im Gegensatz zu aller gemachten Erfahrung von Beginn der Welt an. Alle, er selbst, waren verlorene Sünder, hatten verderbt gehandelt. *Aber Jesus nicht!* – Haben auch wir solch ein Herz, das eifersüchtig über die Ehre und Herrlichkeit der Per-

son Christi wacht, so dass wir nicht schweigen können, wenn sie mit Füßen getreten wird?

Selbst nicht die erniedrigendsten Umstände Dessen, der an seiner Seite hing, konnten ihm den Blick
für Seine Herrlichkeit verdunkeln. Wenn auch hier
kein Engel mehr kam, um zu trösten; wenn auch kein
Apostel da war, um zu bezeugen, was Er, der Sohn
des Menschen, war; wenn auch alle Ihn verlassen hatten und geflohen waren – dieser gehängte, aber nun
bekehrte Räuber war da und bekennt vom Kreuz
herab die moralische Herrlichkeit des verachteten, gekreuzigten Herrn! Wunderbare Gnade Gottes, die
sich aus dem Mund der Unmündigen und Säuglinge
ein Lob zu bereiten weiß (Mt 21,16)!

Das Gebet des bekehrten Räubers

Doch nun wendet sich der Mann an den Herrn Jesus
selbst:

> *„Und er sprach zu Jesus: Gedenke meiner, Herr,
> wenn du in deinem Reich kommst!" (Lk 23,42).*

Mochten andere im Spott und Unglauben die Über-
schrift „DIESER IST DER KÖNIG DER JUDEN" über
Seinem Haupt befestigt haben, dieser Mann glaubte

an Ihn, den Messias, an das persönliche Reich Jesu, des Sohnes des Menschen, und wusste, dass Er in ein fernes Land gehen würde, um ein Reich für Sich zu empfangen und dann wiederzukommen (Lk 19,12). Er bittet nicht um ein Teil in diesem Reich, sondern darum, dass dessen König sich seiner *erinnern* möge: Er überlässt Ihm seine Sache. Er sagt auch nicht: „Gedenke nicht meiner Sünden!"

Welch ein überzeugender Beweis, dass er keine Sorgen mehr um seine begangenen Sünden hat, sondern nun im Blick auf die Zeit nach dem baldigen Tod Dem vertraut, den er mit „Jesus" anredet.[1] Unmöglich konnte ihm die Bedeutung dieses Namens unbekannt sein: JAHWE-HEILAND.

Der bekehrte Räuber hat keine Zeit mehr, zu wachsen oder Gott zu dienen oder in Treue zu wandeln. Aber wir finden bei ihm: eine gründliche Bekehrung; einen wahren Glauben; das Bewusstsein, was der Messias war, und den Glauben an Sein Wiederkommen in Seinem Reich. Er sah die *Leiden* des Christus und die *Herrlichkeiten* danach (1. Pet 1,11). In der Tat, das konnte nur der Geist Gottes bewirkt haben!

---

1. Wenige, wohl aber die besten Handschriften (Vaticanus, Sinaiticus, Ephraemi rescriptus, Papyrus 75 u. a.) lesen hier: „Und er sprach: Jesu, gedenke meiner ..."

Die Antwort des Herrn

Wenn schon das Gebet des Räubers bewundernswert ist, wie viel mehr die Antwort des Heilands!

> *„Und er (Jesus) sprach zu ihm: Wahrlich, ich sage dir: Heute wirst du mit mir im Paradies sein"*
>
> *(Lk 23, 43).*

In dieser Antwort geht der Herr weit über das Erbetene hinaus. Sie schließt Sühnung ein und zeigt die *gegenwärtigen* Ergebnisse des vollbrachten Erlösungswerkes. Diese Segnungen sind nicht erst für jenen fernen Tag Seines Reiches, sondern sind wahr schon jetzt – ob wir leben oder sterben. Der Herr sagt gleichsam: „Du musst nicht warten bis zu jenem Tag. Gewiss, du wirst an dem Reich teilhaben, wenn es kommt. Aber Ich gebe dir schon jetzt die Errettung der Seele. Du sollst schon heute in einer weit besseren und innigeren Weise mit Mir verbunden sein als einst in Meinem Reich." So ist die Antwort des Herrn *gegenwärtiger* Friede für die Seele.

Auf dem Kreuz wurde nun das Werk vollbracht, kraft dessen eine Seele ins Paradies erhoben werden kann. Bedenken wir die Tragweite dieser Worte, dieses Werkes des Herrn: Ein mit Recht zum Tod verurteilter Räuber geht VOM KREUZ DIREKT INS PARADIES! Und das nicht allein, sondern der Herr Jesus fügt die lieblichen Worte hinzu – „mit MIR": Wenn der Heiland am Kreuz des Sünders Platz einnahm, dann ist der Sünder durch die Gnade berechtigt, des Heilands Platz in der Herrlichkeit einzunehmen. Diese anbetungswürdige Gnade wird in 2. Korinther 8, Vers 9, so beschrieben: „Denn ihr kennt die Gnade unseres Herrn Jesus Christus, dass er, da er reich war, um euretwillen arm wurde, damit ihr durch seine Armut reich würdet." Dieser Räuber ist absolut passend für das Paradies. So vollkommen ist das Werk Christi.

So ungeheuer und großartig ist die Tragweite dieses Wortes des Herrn, dass der Teufel von Anfang an dagegen Sturm gelaufen ist. Am erfolgreichsten wohl war er mit der Methode, die Interpunktion dieses Satzes zu ändern. Es müsse nicht heißen: „Ich sage dir: Heute wirst du ...", sondern: „Ich sage dir heute: Du wirst ..."

Abgesehen davon, dass die Antwort des Herrn durch diese so geringfügig scheinende Veränderung ihres eigentlichen Sinnes beraubt wird (der Räuber spricht von Seinem *zukünftigen* Reich – der Herr aber antwortet ihm: Nein, *heute* noch), diese Änderung der Interpunktion verstößt auch gegen die Regeln der griechischen Grammatik. Die Kritiker lassen den

Herrn sagen: „Ich sage dir *heute*" – an diesem Tag meiner Erniedrigung und Verwerfung. Doch bei dieser Betonung des ›Heute‹ innerhalb des ersten Teilsatzes müsste das griechische ›sémeron‹ (heute) dem Verb ›Ich sage‹ vorangehen, es steht aber tatsächlich *danach*. Die Ordnung der Worte dieses Satzes ist dagegen voll gewahrt und erhalten, wenn der Herr Jesus zur Betonung der *gegenwärtigen* Segnung für den Räuber das „Heute" an den Anfang des Satzes stellt: „*Heute* wirst du mit mir im Paradies sein."

„Es ist vollbracht!"

Es ist der Evangelist Johannes, der uns das vorletzte der sieben Worte des Erlösers am Kreuz überliefert hat:

> „*Als nun Jesus den Essig genommen hatte, sprach er: Es ist vollbracht! Und er neigte das Haupt und übergab den Geist*" (Joh 19,30).

Triumphales Wort! Wunderbares Geschehen! Der sterbende Heiland unterschreibt mit eigener, göttlicher Hand das Werk, das der Vater Ihm gegeben hatte, dass Er es tun sollte, und sagt: „Es ist vollbracht!" Nichts bleibt mehr zu tun. Gott ist vollkommen ver-

herrlicht worden durch den Tod Seines Sohnes, der
Weg zu Gott ist gebahnt.

Dieses Wort macht aber auch deutlich, dass, ehe
Gott Sünden vergeben konnte, Sühnung geschehen,
die Reinigung der Sünden bewirkt werden musste.
Das tat der Herr Jesus – ewig sei Sein Name dafür ge-
priesen! – durch *Sich selbst* (Heb 1, 3). Niemand – kein
Mensch, kein Engelfürst – konnte Ihm dabei helfen.
Er hatte Liebe genug und Macht genug, es Selbst zu
tun. So litt Er in den drei Stunden der Finsternis
am Kreuz zur Sühnung unserer Schuld (1. Joh 4, 10;
Mt 27, 46), wurde für uns zum Fluch (Gal 3, 13), trug
Selbst unsere Sünden an Seinem Leib auf dem Holz
(1. Pet 2, 24), ertrug den Tod als Lohn der Sünde
(Röm 6, 23).

Doch nun ist das Werk der Erlösung vollbracht.
Wunderbarer Triumph des Herrn! Da muss nicht
noch Weiteres geschehen, sondern das Werk *ist* vollbracht, die Reinigung der Sünden *ist* gemacht. Und
als Zeichen davon hat Er sich zur Rechten der Majestät in der Höhe *gesetzt,* hat den Ihm gebührenden
Platz in der Herrlichkeit als Mensch eingenommen.
Er, der einst meine Sünden auf Sich genommen hat,
sitzt jetzt zur Rechten des Thrones Gottes, mit Herrlichkeit und Ehre gekrönt (Heb 1, 3; 10, 12)! Gibt es
einen stärkeren Beweis dafür, dass meine Sünden vor
dem Angesicht Gottes völlig getilgt sind?

Auf immerdar vollkommen gemacht

Der Brief an die Hebräer zeigt in Kapitel 10 ganz klar, dass **drei Dinge** notwendig waren, wenn ich errettet, wenn ich vollkommen gemacht werden sollte. Wenn ich voller Sünde war, brauchte ich jemanden, der überhaupt erst einmal an mich in meinem elenden Zustand *dachte*. Oh, da war Gott – unermessliche Gnade –, und Er dachte an mich, ja, hatte einen *Willen* in Bezug auf mich:

> „Da sprach ich (Christus): Siehe, ich komme (in der Rolle des Buches steht von mir geschrieben), um *deinen Willen,* o Gott, zu tun" (Vers 7).

Dann war jemand nötig, der das Erforderliche *tat:* Der Herr Jesus kam, um den Willen Gottes zu *tun,* um Sich selbst als Opfer zu geben:

> „Siehe, ich komme, um deinen Willen zu *tun* ... Durch diesen Willen sind wir geheiligt durch das ein für alle Mal *geschehene* Opfer des Leibes Jesu Christi" (Verse 9.10).

Und dieses Werk, das Opfer des Leibes Jesu Christi, ist absolut einmalig und von immer währender Gültigkeit vor Gott. Es kann nicht wiederholt werden. Wenn dieses Werk nicht ausreicht, reicht gar nichts aus; denn das, wodurch ich die Vergebung meiner Sünden habe, kann nicht noch einmal getan werden.

Und drittens brauchte ich jemand, der mir das Ergebnis *mitteilte:* Der Heilige Geist *bezeugt* uns nun:

> „Ihrer Sünden und ihrer Gesetzlosigkeiten werde ich nie mehr gedenken" (Verse 15–17).

Das Resultat des vollbrachten Werkes Christi ist, dass ich ein vollkommen gereinigtes Gewissen vor Gott habe – nichts ist mehr zwischen mir und Gott (Verse 2.22), wir sind ›auf immerdar‹ (der griechische Ausdruck bedeutet ›ununterbrochen‹) vollkommen gemacht (Vers 14). Der Herr Jesus ging kraft Seines Blutes ins Heiligtum, und der Heilige Geist kam heraus, um uns dieses Ergebnis zu zeigen. So wie der Herr Jesus ununterbrochen Seinen Platz zur Rechten Gottes innehat (Vers 12), so ununterbrochen ist nun durch die Gnade unsere neue Stellung vor Gott: Wir sind vollkommen gemacht, das heißt, wir haben kein Gewissen mehr von Sünden. Was die vielen Opfer des Alten Bundes nicht vermochten (vgl. Kap. 9,9; 10,1.2), hat der Herr Jesus mit Seinem Opfer ein für alle Mal vollbracht. Er hat eine „ewige Erlösung" erfunden (Kap. 9,12).

›Vollkommen gemacht‹ bedeutet nicht, dass der Gläubige nicht mehr sündigen könnte oder dass er seit seiner Bekehrung nie mehr gesündigt hätte. Wir Kinder Gottes müssen wohl alle bekennen, dass wir in unserem praktischen Wandel schon allzu oft versagt haben. Aber davon ist hier nicht die Rede. Unsere *Stellung* vor *Gott* als vollkommen unter dem Schutz des Blutes stehend wird dadurch nicht berührt, wohl aber das praktische *Verhältnis* zu unserem *Vater* (vgl. 1. Joh 2,1). Dieses ist indes eine Frage der *Gemeinschaft,* jenes eine Frage der *Nicht-Zurechnung* von Schuld.

Manche reden auch von „vergangenen" und „zukünftigen" Sünden, aber Gottes Wort macht diesen Unterschied nicht. Als Christus für mich starb, waren alle meine Sünden zukünftig, und ich kann mit Recht singen:

> *Auf dem Lamm ruht meine Seele,*
> *betet voll Bewund'rung an.*
> *Alle, alle meine Sünden*
> *hat Sein Blut hinweggetan.*

Vergegenwärtigen wir uns noch einmal die Kette der in Hebräer 10 gebrauchten Worte, um die Vollgültigkeit des Opfers Christi mehr zu erfassen:

– *ein für alle Mal* geschehen;
– *auf immerdar* gesetzt;
– *auf immerdar* vollkommen gemacht;
– Er wird der Sünden *nie mehr* gedenken.

Das ist es, was uns kein Geringerer als der Heilige Geist selbst in Seinem Wort bezeugt. Sollte es uns nicht genügen?

Die Vergebung der Sünden

Die Vergebung der Sünden bildet die Grundlage jeder weiteren christlichen Belehrung; das heißt, ehe sich der Mensch nicht der Vergebung der Sünden gewiss ist, kann er keine weitere Belehrung über die Wahrheit Gottes empfangen oder auch ertragen.

Deswegen steht nach den Gedanken Gottes die Vergebung der Sünden nicht am Ende, sondern am Anfang des christlichen Weges. Der Herr Jesus selbst sprach nach Seinem Tod und Seiner Auferstehung davon (Lk 24, 47). Petrus, der Apostel der Beschneidung, redete davon (Apg 2, 38; 3, 19; 10, 43). Paulus, der Apostel der Nicht-Beschneidung, predigte sie (Apg 13, 38). Johannes, der letzte Apostel, schreibt darüber an seine ›Kinder‹ und sagt:

„Ich schreibe euch, Kinder, weil euch die Sünden vergeben sind um seines Namens willen" (1. Joh 2, 12).

Beachten wir: nicht „dass", sondern „weil" ihnen die Sünden vergeben waren, schrieb er ihnen. Welch eine absolute Gewissheit darf das gläubige Kind Gottes in Bezug auf die Vergebung seiner Sünden haben! Trotzdem sind manche Christen ständig voller Zweifel und Ungewissheit und sehen es gar als Anmaßung an, solch eine Gewissheit zu haben. Sie meinen, sie ehrten Gott, wenn sie immerfort zagen und bangen. Aber Anmaßung ist, Gott und dem, was Er gesagt hat, *nicht* zu glauben. Wir ehren Ihn nur, wenn wir Seinem Wort rückhaltlos vertrauen.

Die Vergebung der Sünden ist nicht nur das Teil gereifter Christen, der ›Väter‹ in Christus, sondern das allgemeine Vorrecht *aller* Kinder Gottes, auch der schwächsten. Alle christliche Lehre und Belehrung hat dies zur Grundlage: Durch die Gnade Gottes *haben* wir die Vergebung der Sünden als eine *vollzogene* Tatsache. Wir sind nicht eher auf christlichem Boden, als bis wir das annehmen.

In dieser Frage gibt es weder „Fortschritt" noch „Wenn"; denn die Erlösung hängt nicht ab von dem Erlösten, sondern von dem Erlöser. Sein Name sei dafür gepriesen! – Wir *sind* gewaschen von unseren Sünden in Seinem Blut (Off 1, 5), wir *sind* um einen

Preis erkauft (1. Kor 6, 20; 7, 23), wir *haben* in Ihm die Erlösung, die Vergebung der Sünden (Kol 1, 12 –14).

Frieden durch das Blut Seines Kreuzes

Die angeführten Verse aus Kolosser 1 wollen wir uns noch einmal vor das Herz stellen, um noch mehr unsere gesegnete Stellung in Christus zu erfassen:

> *„Danksagend dem Vater, der uns fähig gemacht hat zu dem Anteil am Erbe der Heiligen in dem Licht, der uns errettet hat aus der Gewalt der Finsternis und versetzt hat in das Reich des Sohnes seiner Liebe, in dem wir die Erlösung haben, die Vergebung der Sünden.“*

Wie viel Grund haben wir, dem Vater zu danken, dass Er uns schon jetzt passend gemacht hat für Sein Licht und Seine Herrlichkeit. Er *will* oder *wird* es nicht nur tun, sondern unsere Seele ruht in der friedvollen Gewissheit, dass Er uns passend oder fähig gemacht *hat* zum Anteil am Erbe der Heiligen in dem Licht, dass Er uns errettet *hat* aus der Gewalt der Finsternis und versetzt *hat* in das Reich des Sohnes Seiner Liebe. Es ist dabei bezeichnend, dass die drei Wörter ›fähig gemacht‹ – ›errettet‹ – ›versetzt‹ im Grundtext in einer

Zeitform (Aorist) stehen, die eine *vollzogene* Handlung ausdrückt.

Wohl sind wir noch mit Schwachheit umgeben, noch wohnt die Sünde in uns, dennoch ist unser Passend-gemacht-Sein eine vollendete Tatsache, die nicht von unserem geistlichen Fortschritt abhängt. Natürlich muss es Fortschritt und Wachstum in unserem täglichen Wandel geben; und wir werden an vielen Stellen der Heiligen Schrift ernstlich dazu ermahnt. Denn Stillstand bedeutet Rückgang: Der Mond – wie jemand einmal trefflich bemerkte – nimmt entweder zu oder ab. Fortschritt ist mit Erfahrung verbunden, er ist ein Ergebnis der Erziehung Gottes. Unser Passend-Sein dagegen steht in Verbindung mit der Tatsache, dass wir „in Ihm" sind, es ist das Ergebnis des Werkes Christi.

In der Frage unseres Versöhnt-Werdens mit Gott gibt es daher keine Weiterentwicklung. Wir sind zu Gott zurückgebracht auf dem Weg göttlicher Gerechtigkeit. Es ist keine Frage mehr offen zwischen Gott und den Erlösten. Gott ist *für uns* (Röm 8,31), Er ist nicht gegen uns; und wir sind jetzt zu Hause bei Gott. Wenn Er uns ansieht, sieht Er auf Seine eigene Gerechtigkeit, auf Seinen eigenen Sohn, der unser ist. Er liebt uns, wie Er Ihn liebt. –

Wunderbare, unfassbare Gnade, deren Gegenstände wir sind! Wir waren völlig verloren und sind nun völlig errettet. Nicht durch Seine Menschwerdung oder durch Seinen heiligen Wandel, sondern durch das *Blut Seines Kreuzes* hat der Herr Jesus Frieden gemacht und uns mit Gott versöhnt (Kol 1, 20.22). Es war der Tod des heiligen Lammes Gottes nötig; denn ohne Blutvergießung gibt es keine Vergebung (Heb 9, 22). So haben wir nun Frieden mit Gott durch unseren Herrn Jesus Christus (Röm 5, 1). Frieden zu haben bedeutet nicht nur, dass Gott es weiß, sondern dass auch ich es weiß.

Durch Jesus entschlafen

Wenn die Menschen dieser Welt den Tod erleiden, dann „sterben" sie. Wenn aber Kinder Gottes diese Erde verlassen, dann „entschlafen" sie. So bezeichnet Gottes Wort im Allgemeinen ihr Sterben.

Als Lazarus in Bethanien gestorben war, sagte der Herr Jesus zu Seinen Jüngern: „Lazarus, unser Freund, ist *eingeschlafen*" (Joh 11, 11). So ungewöhnlich war den Jüngern diese Ausdrucksweise, dass sie meinten, Er rede von der Ruhe des Schlafes. „Jesus aber hatte von seinem Tod gesprochen" (Vers 13). Inmitten oft qualvoller Umstände darf der Christ in Frieden „heimgehen", kann durch den Glauben an den Herrn Jesus „entschlafen"!

„Durch Jesus entschlafen" – das war auch das Teil des gehängten, nun aber bekehrten Räubers. So qualvoll sein Sterben am Kreuz auch war – und wir wissen, dass ihm zuletzt noch die Beine gebrochen wurden –, er konnte durch den Herrn Jesus, den er kurz vor seinem Tod im Glauben erfassen durfte, in Frieden „entschlafen".

Stephanus, der treue Zeuge für den verherrlichten Herrn, brach unter den Steinwürfen der fanatischen Juden zusammen; und nachdem er für seine hasserfüllten Feinde noch hatte beten können, „entschlief" auch er (Apg 7,60). Glückseliges Teil, zu den „durch Jesus Entschlafenen" zu gehören (1.Thes 4,14): Gott wird sie einst „mit ihm bringen" – in Herrlichkeit!

Erinnern wir uns noch jener Grabinschrift? Die zweite Zeile lautete:

IN CHRISTO MORIMUR – IN CHRISTUS STERBEN WIR

Dieser Satz ist nur von Kindern Gottes wahr! Ihn auf alle Menschen schlechthin anzuwenden, ist die größte Täuschung, ist schrecklicher Irrtum. Jener andere Räuber ging, soweit wir wissen, unversöhnt in die Ewigkeit. Er ist durchaus nicht „in Christus gestorben": Er ist „in seinen Sünden gestorben". Das Kreuz Christi schied die beiden Räuber. Es scheidet alle Menschen. Die folgenden Worte sind nur von denen wahr, die „des Herrn" sind:

„Denn keiner von uns lebt sich selbst, und keiner stirbt sich selbst. Denn sei es, dass wir leben, wir leben dem Herrn; sei es, dass wir sterben, wir sterben dem Herrn. Sei es nun, dass wir leben, sei es, dass wir sterben, wir sind des Herrn" (Röm 14, 7.8).

Bist auch du schon – „des Herrn"?

Im Paradies Gottes

Wenn Kinder Gottes heimgehen, dann geht der unsichtbare Teil ihrer Person, ihr Geist und ihre Seele, ins Paradies, während ihr sichtbarer Teil, ihr Körper, als Samenkorn der Auferstehung in die Erde gelegt wird. Sie sind dann „bei Christus", was, um mit den Worten des Apostels Paulus zu sprechen, „weit besser" ist, als hier auf dieser armen Erde zu sein – weit besser selbst, als Ihm hier zu dienen (Phil 1, 23).

Im Alten Testament waren diese Dinge noch nicht bekannt, noch nicht offenbart. Die Menschen, auch Heilige, „fuhren hinab in den Scheol", „wurden versammelt zu ihren Völkern". Erst im Neuen Testament gewährt uns der Sohn Gottes anhand der Begebenheit mit dem reichen Mann und armen Lazarus in Lukas 16 Einblick in das Leben nach dem Tod. Der einst arme Lazarus war nun am Ort der Glückseligkeit, wovon der ›*Schoß Abrahams*‹ ein Bild ist. Der einst reiche Mann dagegen schlug im *Hades* (noch nicht in der „Hölle") seine Augen auf, „als er in Qualen war" (Vers 23). Lazarus wurde „getröstet", der reiche Mann litt „Pein in dieser Flamme". Zwischen den beiden Orten der abgeschiedenen Geister der Gerechten und der Ungerechten war „eine große Kluft befestigt", und ein Hinübergehen von dem einen zu dem anderen Ort war unmöglich.

Nein, geliebte Freunde, mit dem Tod ist durchaus nicht „alles aus", und ein Sich-Bekehren im Jenseits gibt es nicht!

Ohne jetzt auf weitere interessante Einzelheiten näher einzugehen, wie zum Beispiel auf die Tatsache, dass es dort ein Erinnerungsvermögen und ein gegenseitiges Erkennen geben wird und dass Lazarus nicht an den Ort der Qual blickte, der reiche Mann aber Lazarus in seiner Glückseligkeit sah, möchte ich auf den bemerkenswerten Umstand hinweisen, dass der Herr Jesus in Lukas 16 noch nicht sagt, dass Lazarus im „Paradies" sei. Erst als sich das Lamm Gottes anschickte, den Sühnungstod zu sterben, da spricht der Herr zum ersten Mal vom „Paradies" – spricht davon zu diesem gehängten Räuber! Er selbst würde in Kurzem dorthin gehen, zeitlich ein wenig *vor* dem Übeltäter sogar. Und was das Paradies erst zum „Paradies", zu einem „Garten der Wonne" machte (das bedeutet das Wort persischen Ursprungs), ist die gesegnete Tatsache, dass ER dorthin ging, dass ER dort ist. Der Übeltäter würde MIT IHM dort sein, würde BEI CHRISTUS sein!

Der bekehrte Räuber war die erste Seele, die diese neue und reiche Segnung schmecken durfte. Welch ein Zeugnis der alles übersteigenden Macht Seiner Erlösung! Ein gehängter Räuber durch Sein Blut so gereinigt, dass er noch an demselben Tag bei dem Sohn Gottes war, nicht allein im Himmel, sondern an dessen höchstem und herrlichstem Platz – dem Paradies!

Einst war das Paradies der auserlesenste Ort auf einer noch nicht durch Sünde befleckten Erde, wo alles „sehr gut" war. Heute dürfen wir unter dem Paradies Gottes den auserlesensten Ort des Himmels, den Wohnplatz Gottes, verstehen. Wohl ist das Paradies für den Gläubigen, der durch den Tod zum Herrn geht, mit einem *Zustand* verbunden, der bis zum Tag der Auferstehung des Leibes durch die Trennung von Seele und Leib gekennzeichnet ist.

Nichtsdestoweniger ist es der Garten göttlicher Wonne, der Platz der Verheißung für den Überwinder (Off 2,7), den der Apostel Paulus in 2. Korinther 12 mit dem dritten Himmel, dem Vaterhaus, verbin det und wo er „unaussprechliche Worte hörte, die der Mensch nicht sagen darf" (Vers 4).

Dorthin also durfte dieser Übeltäter mit dem Herrn Jesus gehen – ohne Werke (als nur böse) – ohne irgendein „Sakrament" – ohne Zeremonie – ohne Bewährung, sondern allein durch bedingungslose Gnade aufgrund des Werkes und Blutes Christi. Und dieses Werk ist für uns heute ebenso vollkommen wie für ihn, ebenso vollendet, als hätte Er uns schon zu Sich genommen ins Paradies.

Aus Finsternis zum Lichtglanz der Erkenntnis Gottes

IN DIESEM LETZTEN, DAS Buch abschließenden Kapitel möchte ich noch einmal den Weg AUS DER FINSTERNIS ZUM LICHT vorstellen und dazu in der Hauptsache den nachstehenden Text aus dem zweiten Brief des Apostels Paulus an die Korinther benutzen. Er enthält für unseren Gegenstand äußerst wichtige Wahrheiten und auch die beiden bedeutsamen Wörter ›Finsternis‹ und ›Licht‹.

> *„Wenn aber auch unser Evangelium verdeckt ist, so ist es in denen verdeckt, die verloren gehen, in denen der Gott dieser Welt den Sinn der Ungläubigen verblendet hat, damit ihnen nicht ausstrahle der Lichtglanz des Evangeliums der Herrlichkeit des Christus, der das Bild Gottes ist.*
>
> *Denn wir predigen nicht uns selbst, sondern Jesus Christus als Herrn, uns selbst aber als eure Knechte um Jesu willen. Denn der Gott, der sprach: Aus Finsternis leuchte Licht, ist es, der in unsere Herzen geleuchtet hat zum Lichtglanz der Erkenntnis der Herrlichkeit Gottes im Angesicht Jesu Christi“*
>
> *(2. Kor 4, 3–6).*

Was bedeutet eigentlich ›Finsternis‹, und was ›Licht‹? Das sind Fragen, die auf den ersten Blick einfach erscheinen, jedoch nicht einmal im natürlichen Bereich einfach zu beantworten sind. Wenden wir uns zuerst dem zu, was die Heilige Schrift über ›Finsternis‹ sagt.

Finsternis in der Schöpfung

Es ist offenkundig, dass Paulus, inspiriert durch den Heiligen Geist, im sechsten Vers unseres Abschnitts („Denn der Gott, der sprach: Aus der Finsternis leuchte Licht") auf den dritten Vers in 1. Mose 1 anspielt. Stellen wir einmal die ersten fünf Verse der Bibel vor unser Herz:

> *„Im Anfang schuf Gott die Himmel und die Erde. Und die Erde war wüst und leer, und Finsternis war über der Tiefe; und der Geist Gottes schwebte über den Wassern.*
>
> *Und Gott sprach: Es werde Licht! und es wurde Licht. Und Gott sah das Licht, dass es gut war; und Gott schied das Licht von der Finsternis. Und Gott nannte das Licht Tag, und die Finsternis nannte er Nacht. Und es wurde Abend und es wurde Morgen: erster Tag"* (1. Mo 1, 1–5).

Es liegt nicht in meiner Absicht, auf Einzelheiten des höchst interessanten und bemerkenswerten Schöpfungsberichtes der Heiligen Schrift einzugehen. Wenige Bemerkungen, die auf unseren Gegenstand hinzielen, müssen hier genügen.

Der erste Vers und Satz der Bibel besteht im Hebräischen aus genau sieben Worten. Er beschreibt den ursprünglichen Schöpfungsakt Gottes hinsichtlich all dessen, was stofflich ist. Zwar sind auch Engel erschaffene Wesen, aber sie sind himmlischer Natur und wurden vorher erschaffen, denn sie jubelten, als Gott den Eckstein für die sichtbare Schöpfung legte (Hiob 38,7).

Der zweite Vers „Und die Erde war" (oder: „wurde") „wüst und leer, und Finsternis war über der Tiefe" ist durchaus keine Beschreibung des ursprünglichen Zustands der Erde, wie Gott sie geschaffen hat. Denn wir lesen in Jesaja 45, Vers 18: „Nicht als eine Öde" (oder: „nicht wüst"; dasselbe Wort wie in 1. Mose 1,2) „hat er sie geschaffen; um bewohnt zu werden, hat er sie gebildet."

Auch die den zweiten Vers einleitende Konjunktion ›Und‹ nötigt den Schluss auf, dass in diesem Satz ein weiterer Sachverhalt vorgestellt wird – ein Sachverhalt, der offenbar erst später eingetreten ist. Wie es allerdings zu dieser gewaltigen Umwälzung auf der Erde (nicht in den Himmeln) kam, teilt uns die

Schrift nicht mit. Aber es liegt der Gedanke nahe, dass es ein Gericht Gottes über die Erde war, das möglicherweise mit dem Fall des schirmenden, gesalbten Cherubs (Hes 28, 14 ff; Jes 14, 12) in Verbindung stand, der dann der ›Satan‹ wurde. Wissen wir doch aus Lukas 4, Verse 5.6, dass die Erde sein Herrschaftsbereich war und ist. Gerade in diesem Bereich trat daher Verwüstung und Finsternis ein.

Aber dann sprach Gott: „Es werde Licht!" Er ließ aus der Finsternis Licht leuchten. „Und es wurde Licht." Das war keineswegs die *Erschaffung* des Lichts, sondern Gott ließ nun das längst vorher geschaffene natürliche Licht in Bezug auf die Erde wirksam werden, um so die Erde in den sechs Schöpfungstagen als Wohnstätte für den Menschen zuzubereiten.

Die Erde – Schauplatz der Erprobung

Hinter den Vorgängen in der Schöpfung verbirgt sich etwas Geistiges, verbergen sich sittliche Grundsätze. Denn „das Geistige war nicht zuerst, sondern das Natürliche, danach das Geistige" (1. Kor 15, 46). Wenn in 1. Korinther 15 bezüglich der Auferstehung des Leibes gesagt wird: „Wenn es einen natürlichen Leib gibt, so gibt es auch einen geistigen" (Vers 44), so darf ich in Bezug auf unseren Gegenstand die Dinge einmal in ähnlicher Weise formulieren: Wenn es eine natürliche Finsternis und natürliches Licht gibt, so gibt es auch eine geistige Finsternis und geistiges Licht. Die „Botschaft" in 1. Johannes 1 unterstreicht das aufs Deutlichste, wenngleich sie uns noch wesentlich mehr, nämlich das Wesen Gottes selbst zeigt: „Gott ist Licht, und gar keine Finsternis ist in ihm" (Vers 5).

Die „Finsternis über der Tiefe" kann also unmöglich Gott zum Ursprung haben. Gott kann nie der Urheber von FINSTERNIS sein: Er ist LICHT, und Er macht LICHT. Aber Er kann Finsternis *zulassen,* und Er hat sie, sowohl im natürlichen wie im sittlichen Bereich, zugelassen.

So ist es bedeutsam, dass Gott die Finsternis nicht vollständig von der Erde verbannte (Er hätte das ja tun können), sondern dass Er das Licht von der Finsternis *schied* oder trennte und dann das Licht ›Tag‹ und die Finsternis ›Nacht‹ nannte. Die Tatsache, dass Gott auf der Erde Tag und Nacht sein ließ, deutet eben die wichtige Wahrheit an: Gott wollte von Anfang an die Erde als Schauplatz für die *Verantwortlichkeit,* das heißt für die Erprobung des Menschen haben. Sein Gebot an den Menschen im Garten Eden macht diesen Gedanken deutlich. Durchaus nicht ist Gott von der Entwicklung der Dinge zum Bösen „überrascht" worden. Wie könnte das auch sein! Nein,

Er wollte Tag und Nacht, aber Er wollte sie geschieden haben.

Damit findet die uralte, von Satan inspirierte Frage „Wenn es einen Gott gibt, wenn Er gut ist, warum all das Böse, all das Elend in der Welt?" ihre klare Antwort: Gott wollte den Menschen auf dieser Erde in sittlicher Hinsicht auf die Probe stellen. Durfte Er das nicht? Er wollte eben keine „Roboter" haben, die zwangsläufig das tun, was Er möchte. Es würde Licht und Finsternis geben, Tag und Nacht. Wofür würde sich der Mensch, vor die Entscheidung gestellt, tatsächlich entscheiden? Für das Licht, um ein „Kind des Lichtes" und ein „Sohn des Tages" zu sein? Oder würde er die Finsternis mehr lieben als das Licht? Würde er dem Gebot Gottes gehorchen und den damit verbundenen Segen erben? Oder würde er es eigenwillig übertreten und damit das angedrohte Gericht auf sich ziehen? Wahrlich, die Folgen einer Entscheidung zum Bösen können unmöglich Gott angelastet werden!

Es bleibt mir in diesem Zusammenhang nur noch übrig, den glückseligen Umstand anzumerken, dass der Himmel *nicht* der Ort für die Erprobung des Menschen sein wird: „Denn Nacht wird dort nicht sein" (Off 21, 25). Sind die Gläubigen erst einmal dorthin gekommen, wo ihre Heimat ist, werden sie nie mehr erprobt und unter Verantwortung gestellt werden. Doch auf diesen beglückenden Gegenstand komme ich erst später zu sprechen.

Der Mensch in Finsternis

Unser Abschnitt aus 2. Korinther 4 benutzt nun Finsternis und Licht in der Schöpfung vorbildlich für Zustände und Vorgänge in der Seele des Menschen, die uns hier weit mehr beschäftigen sollen. So redet er davon, dass Satan den *Sinn* der Ungläubigen verblendet hat und dass Gott in unsere *Herzen* geleuchtet hat. Epheser 4, Vers 18, fügt hinzu, dass die Menschen in ihrem natürlichen Zustand „verfinstert am *Verstand"* seien, „entfremdet dem Leben Gottes wegen der Unwissenheit, die in ihnen ist, wegen der Verhärtung ihres *Herzens".*

Es ist eine überaus ernste Tatsache, die Gott in diesen Worten vor uns stellt: Der Mensch ohne Gott ist, was seinen Geist und seine Seele angeht, in Finsternis. Es ist also eine geistige Finsternis, die ihren Ursprung ebenfalls nicht in Gott, sondern in der Sünde und in der Wirksamkeit Satans findet. Und in Finsternis sein bedeutet – das machen diese Zitate klar –, nicht *erkennen* zu können: Man erkennt nicht, was Gott in Seiner Liebe und Heiligkeit ist; und man erkennt sich selbst nicht, erkennt nicht, dass man ein verlorener

Sünder ist. Über dieses alles, ja, über alle göttlichen Dinge sind die Menschen in „Unwissenheit". Und diese Unwissenheit ist die Folge der „Verhärtung ihres Herzens". Da das ›Herz‹ nicht nur der Sitz der Zuneigungen und Wünsche, sondern vor allem des Willens des Menschen ist, wird klar, was die „Verhärtung ihres Herzens" bedeutet: Die Menschen von Natur *wollen* Gott nicht – wir sahen das schon bei einer früheren Gelegenheit. Sie haben für Ihn in ihrem Herzen keinen Platz; sie wollen Ihn weder verherrlichen noch Ihm Dank darbringen. Die Folge ist, dass sie „in ihren Überlegungen in Torheit verfielen und ihr unverständiges *Herz verfinstert* wurde" (Röm 1, 21).

Das also ist die *Quelle* all der bösen Werke der Menschen, „die Gott nicht kennen", „die, da sie alle Empfindung verloren, sich selbst der Ausschweifung hingegeben haben, um alle Unreinheit mit Gier auszuüben" (Eph 4, 19). Auch in Römer 1 fährt der heilige Schreiber fort, die erschreckenden Folgen für den *Leib* und die *Seele* und den *Geist* des Menschen zu beschreiben:

„Darum hat Gott sie hingegeben in den Begierden ihrer Herzen zur Unreinheit, ihre *Leiber* untereinander zu schänden" (Vers 24);

„Deswegen hat Gott sie hingegeben in schändliche *Leidenschaften*" (Vers 26);

„Und weil sie es nicht für gut befanden, Gott in Erkenntnis zu haben, hat Gott sie hingegeben in einen verworfenen *Sinn,* zu tun, was sich nicht geziemt" (Vers 28).

So ist also der natürliche Mensch nicht nur „verloren", nicht nur „fern von Gott", nicht nur „tot in Vergehungen und Sünden", sondern er ist auch „in Unwissenheit", „in Finsternis", „verfinstert", „verblendet". Ja, Epheser 5, Vers 8, geht noch weiter und sagt, dass er „Finsternis" sei: „Denn einst wart ihr Finsternis." Das bedeutet, dass er durch eine Natur gekennzeichnet ist, die in sich selbst Finsternis ist und an allem Gefallen hat, was Gott entgegen ist. Erschreckendes Urteil Gottes über den nicht wiedergeborenen Menschen: Er ist *in* Finsternis, ja er *ist* Finsternis!

Nicht nur dem religiösen, sondern dem modernen Menschen überhaupt wird es sehr schwer, dieses Urteil Gottes in Bezug auf sich anzunehmen. Er mag die vorstehende Beschreibung für den ungebildeten Heiden früherer Jahrhunderte oder Jahrtausende gelten lassen. Aber wie könnte sie auf den erleuchteten Menschen des 21. Jahrhunderts zutreffen? Denn gab es je größere und raschere Fortschritte in Kultur und Religion, in Wissenschaft und Technik als heute? Ach, unter der fadenscheinigen Decke eines äußeren christlichen Bekenntnisses, unter dem dünnen Anstrich einer hoch entwickelten Zivilisation verbirgt sich nur mangelhaft, wie töricht und eitel, wie unverständig und blind, wie voller Unrat und böser Lüste das menschliche Herz bis heute geblieben ist! Es ist zutiefst demütigend: In der Beschreibung der Menschen in den „letzten Tagen" des christlichen Zeugnisses auf der Erde (2. Tim 3, 1–5) finden sich dieselben verderbten Züge wieder, die in Römer 1 als Merkmale der heruntergekommenen Heiden angegeben werden!

Der Mensch ist – ohne Buße zu Gott und ohne Glauben an den Herrn Jesus Christus – „dem Leben Gottes entfremdet". Könnte es einen stärkeren Beweis hierfür geben als die Tatsache, dass der Mensch bei all seinem Sinnen und Trachten, bei allem Tun und Treiben nicht mit einem einzigen Gedanken wirklich an Gott denkt? Es mögen nicht immer nur derart offenkundig böse, verworfene Dinge sein, die das Herz des Menschen beschäftigen und die seine Hände tun, aber Gott ist nicht in seinen Gedanken: Er besitzt nicht das Leben Gottes. Das Leben Gottes kann nur im Sohn gefunden werden, und „wer den Sohn Gottes nicht hat, hat das Leben nicht" (1. Joh 5, 12).

Deswegen lass mich dich fragen, geschätzter Leser: Hast du schon den Sohn Gottes? Hast du Ihn im Glauben als deinen Heiland angenommen? Wenn du das noch nicht sagen kannst, dann höre im Folgenden, wie man das Leben und damit das Licht Gottes erlangen kann. An sich ist es keine „gute Botschaft", zu verkündigen, dass der Mensch in Finsternis ist und von den Dingen Gottes nichts sieht und versteht, dass er „in der Finsternis wandelt" und „nicht weiß, wohin er geht, weil die Finsternis seine Augen verblendet hat" (1. Joh 2, 11). Aber es ist unbedingt notwendig, den Menschen ihren wahren Zustand vorzustellen, sonst werden sie nie zur Buße geführt und errettet werden. Eine äußerst gute Botschaft jedoch ist es für den zerbrochenen, schuldbewussten Sünder, zu erfahren, dass er aus der Finsternis ins Licht Gottes kommen kann, und das nicht allein für jetzt, für die kurze Zeit seines Erdenlebens, sondern für alle Ewigkeit.

Das große Licht

Im vierten Kapitel des Matthäus-Evangeliums findet sich ein herrliches Zitat aus dem Propheten Jesaja, ein Verheißungswort für das „Volk, das im Finstern wandelt":

> *„Das Volk, das in Finsternis sitzt, hat ein **großes Licht** gesehen, und denen, die im Land und im Schatten des Todes sitzen – **Licht** ist ihnen aufgegangen" (Vers 16; vgl. Jes 9, 1.2).*

Dieses „große Licht" ist der Herr Jesus, der Sohn des lebendigen Gottes, der als Mensch zu Seinem irdischen Volk kam, um ihm, ja, um allen Nationen LICHT zu bringen. Der greise Simeon sah das „Kind Jesus", wie es zur Darstellung in den Tempel gebracht wurde, und er ruft voll Anbetung aus:

> „Nun, Herr, entlässt du deinen Knecht, nach deinem Wort, in Frieden; denn meine Augen haben dein Heil gesehen, das du bereitet hast vor dem Angesicht aller Völker: ein **Licht** zur Offenbarung für die Nationen und zur Herrlichkeit deines Volkes Israel" (Lk 2, 29–32).

So wie Gott zu Anfang aus der Finsternis Licht leuchten ließ und erst am vierten Schöpfungstag „das große Licht zur Beherrschung des Tages" machte (nicht „schuf", sondern „machte", das heißt, in Beziehung zur Erde setzte; vgl. 1. Mose 1,16), so ließ Er auch in den Jahrtausenden vor dem Kommen des Herrn das Licht Seiner Verheißung mehr oder minder hell zum Trost der gläubigen Menschen leuchten.

Aber erst am „vierten Tag" sozusagen kam als Ausdruck der unfassbaren Gnade Gottes „das große Licht", Christus, die Gnadensonne, auf diese durch die Sünde verfinsterte Erde. „In ihm war Leben, und das Leben war das Licht der Menschen. Und das

Licht scheint in der Finsternis, und die Finsternis hat es nicht erfasst" (Joh 1, 4.5).

Von diesem LICHT zeugte Johannes der Täufer, „damit alle durch ihn glaubten. Er war nicht das Licht, sondern damit er zeugte von dem Licht. Das war das wahrhaftige Licht, das, in die Welt kommend, jeden Menschen erleuchtet" (Joh 1, 7–9). Nichts ist reiner als das LICHT, nichts macht mehr die Dinge offenbar als das LICHT. So stellte der Herr Jesus jeden Menschen ins Licht Gottes. Wer die Wahrheit tat, kam zu dem LICHT (Kap. 3, 21), folgte Ihm nach und hatte das „Licht des Lebens" (Kap. 8, 12). Aber „jeder, der Böses tut, hasst das Licht", weil ihn sein Gewissen anklagt. Ach, die Menschen haben „die Finsternis mehr geliebt als das Licht, denn ihre Werke waren böse" (Kap. 3, 19.20).

Ist das nicht schrecklich? Das LICHT schien zwar in der Finsternis, aber die Finsternis hat es nicht erfasst. Wie groß muss die sittliche Finsternis sein, wenn das göttliche Licht sie nicht erhellen kann! Wir verstehen: Es liegt nicht an dem LICHT, es liegt an den Menschen. Auch heute lädt der Herr Jesus ein: „Kommt her zu mir, alle ihr Mühseligen und Beladenen, und ich werde euch Ruhe geben" (Mt 11, 28), aber weil sie das Licht Gottes scheuen, kommen sie nicht zu dem Herrn Jesus, dem „Licht der Welt", lassen sie sich nicht von Ihm erleuchten, glauben sie nicht an Ihn und – „bleiben in der Finsternis"! Das LICHT leuchtet zwar, aber sie schließen gleichsam das Fenster ihrer Seele vor Ihm zu. Der Grund dafür ist damals wie heute derselbe: Ihre Werke sind böse. Oh, dass sich in dieser Beziehung niemand täusche! Unter dem Deckmantel des Christentums findet sich heute jede Form des Bösen, wie es einst die heidnischen Völker praktizierten. Gab es je so viel Unzucht, Hurerei und Ehebruch, je so viel böse Bilder und sittlichen Schmutz wie heute in unserem „christlichen Land"? Bei allem Licht, das man zu haben meint – wie groß die Finsternis!

Aber der Herr Jesus war nicht nur als das LICHT in die Welt gekommen, um die Menschen und ihre Werke bloßzustellen, sondern damit jeder, der an Ihn glaubt, „nicht in der Finsternis bleibe" (Joh 12, 46). Er offenbarte nicht nur, was der Mensch ist, sondern – oh wunderbare Gnade! – Er offenbarte auch, was Gott ist. Niemand hatte Gott jemals gesehen, aber Er, der eingeborene Sohn, hat Ihn kundgemacht (Kap. 1, 18). Das ist „Licht" von Seiten Gottes – zu *offenbaren,* wer und was Er ist; und das ist „Licht" auf Seiten des Menschen – diese Offenbarung zu *erkennen!*

Die Gläubigen zu den Lebzeiten des Herrn sahen sie, schauten Seine Herrlichkeit an, „eine Herrlichkeit als eines Eingeborenen vom Vater" (Vers 14). So sehr offenbarte der Herr Jesus in Seinem Verhalten, in Seinen Worten und Werken das Wesen Gottes auf der Erde, dass Er auf die Bitte des Philippus „Herr, zeige uns den Vater!" die wunderbare Antwort geben konnte: „Wer mich gesehen hat, hat den Vater gesehen" (Kap. 14,8.9). Er war und ist, wie wir bereits aus 2. Korinther 4 gelesen haben, „das Bild Gottes", das heißt die volle Offenbarung oder Darstellung aller Personen der Gottheit – des Vaters, des Sohnes und des Heiligen Geistes.

Und was war die Antwort des Menschen auf diese vollkommene Offenbarung Gottes in Gnaden, auf das helle Erstrahlen des „großen Lichts" inmitten der Finsternis? Hören wir die Antwort aus dem Mund des Herrn selbst: „Wenn ich nicht die Werke unter ihnen getan hätte, die kein anderer getan hat, so hätten sie keine Sünde; jetzt aber haben sie gesehen und doch gehasst sowohl mich als auch meinen Vater" (Kap. 15,24). In diesem Hass brachten sie den Herrn der Herrlichkeit ans Kreuz und entledigten sich auf diese Weise des ungeliebten LICHTES. Es war, wie der Herr gesagt hatte, „eure Stunde und die Gewalt der Finsternis" (Lk 22,53)! Lasst uns nie vergessen, geliebte Freunde, dass dies unsere Antwort auf die vollkommene Offenbarung des Vaters durch den Sohn war!

War damit der Plan Gottes, dem „Volk, das im Finstern wandelt", Licht zu bringen, für immer gescheitert? War nun das Licht für den Menschen für immer erloschen? Oh nein. Er lässt nun vom Himmel her, wo Sein Sohn nach vollbrachtem Erlösungswerk zu Seiner Rechten thront, das Licht des Evangeliums über den verherrlichten Christus auf der Erde erstrahlen und verkündigen.

Wie und was Paulus predigte

Gott erweckte sich zu Beginn der christlichen Ära ein besonderes Werkzeug zur Verkündigung des Evangeliums der Herrlichkeit – Paulus. Und dieser treue Mann verfälschte nicht das Wort Gottes, wie es seitdem viele getan haben. Er gebrauchte zur Verkündigung des Wortes nicht menschliche Tricks und kunstvolle „Verzierungen". Sein Dienst war transparent und ehrlich. Er kam zu den Menschen nicht mit einschmeichelnden Worten, die sie so gerne hören, sondern er offenbarte die WAHRHEIT und empfahl sich so jedem Gewissen der Menschen vor Gott (2. Kor 4, 2). Er verschmähte jedes menschliche Beiwerk wie Propaganda, Redeweisheit und Wissenschaft der Welt, „damit nicht das Kreuz Christi zunichte gemacht werde" (1. Kor 1, 17). Die Wahrheit Gottes bedarf solcher Hilfsmittel nicht, um zu überzeugen. Sie wird dadurch sogar entwertet. Auch brachte sich Paulus nicht selbst bei der Predigt in den Vordergrund.

Nein, er war nur ein Diener und predigte nicht sich selbst, sondern Jesus Christus und Ihn „als Herrn" (2. Kor 4, 5).

Wie erforschend ist das alles für uns heute – für die, die da predigen, und für die, die da hören! Was ist denn der Inhalt der vielen Andachten und „geistlichen Worte"? Ist es Christus? Oder ist es eine auf schwachen philosophischen Füßen stehende menschliche Moral? Ist es die Wahrheit? Oder ist es Theologie, Ethik und somit eine Verfälschung der Wahrheit?

Hört man es noch oft, dass christliche Prediger von Christus als dem „*Herrn* Jesus" sprechen? Wenn ja, dann ist es gut, dann haben sie „im Heiligen Geist" geredet; denn „niemand kann sagen: Herr Jesus!, als nur im Heiligen Geist" (1. Kor 12, 3).

Im Allgemeinen aber hört man solche Worte und Gedankengänge nicht in den Ansprachen einer bis auf wenige Ausnahmen toten „Geistlichkeit". Man würde den Radio- oder Fernseh-Apparat auch gar bald abschalten und solche Predigten nicht mehr anhören! Nein, man redet, wenn man Ihn überhaupt erwähnt, fast ohne Ausnahme von „Jesus" – von einem „guten und edlen Menschen", von dem „größten Religionsstifter" und dann von tausend Dingen, die mit Ihm und der Wahrheit Gottes so gut wie nichts mehr zu tun haben. Wir sollten uns davon abwenden, lieber Leser! Wir sollten uns davon abwenden! Wenn

Christus nicht als *Herr* gepredigt wird, wenn Er nicht in der Vortrefflichkeit Seiner Person als *Gott* und *Mensch* vorgestellt wird, dann ist es nicht die Sprache des Geistes Gottes, sondern die eines anderen, eines bösen Geistes. Und der möchte ich nicht zuhören! Gottes Wort ermahnt uns: „Prüft die Geister, ob sie aus Gott sind!" (1. Joh 4,1), und: „Die ungöttlichen, leeren Geschwätze aber *vermeide* ... Und von diesen *wende dich weg*" (2. Tim 2,16; 3,5).

Der Lichtglanz des Evangeliums

Das Paulus anvertraute Evangelium, das er deswegen an anderer Stelle auch „mein Evangelium" nennt, hatte in erster Linie nicht einen auf der Erde weilenden und sterbenden Christus zum Inhalt. Sein Mittelpunkt ist vielmehr die Person des verherrlichten Christus zur Rechten der Majestät in der Höhe. Deswegen heißt es das „Evangelium der Herrlichkeit des Christus". In diesem Evangelium entfaltet Gott nicht allein Seine Gedanken über die Errettung des Sünders, sondern besonders die Herrlichkeiten der Person Christi, Seines Sohnes, den Er „sowohl zum Herrn als auch zum Christus gemacht hat" (Apg 2,36). Es ist nun Gottes Absicht, dass durch die Predigt des Wortes und die Wirksamkeit des Heiligen Geistes dieses kost-

bare Evangelium wie ein Lichtglanz in das verfinsterte Herz der Menschen falle.

Wir hatten ein Vorbild hiervon bereits im Schöp-
fungsbericht in 1. Mose 1 gefunden, wo Gott aus
der natürlichen Finsternis Licht leuchten ließ. Schon
dort wurden bezeichnenderweise die beiden Dinge
genannt, die auch zu jeder Neugeburt nötig sind –
das Wort Gottes ("Und Gott *sprach:* Es werde Licht";
Vers 3) und den Heiligen Geist ("Und der *Geist Gottes*
schwebte über den Wassern"; Vers 2).

Aber Paulus denkt bei dem Wort "der in unsere
Herzen geleuchtet hat zum Lichtglanz der Erkenntnis der Herrlichkeit Gottes im Angesicht Jesu Christi" (2. Kor 4, 6) sicher auch an seine eigene Bekehrung,
als ihn vor den Toren von Damaskus plötzlich "ein
Licht aus dem Himmel" umstrahlt hatte (Apg 9, 3),
"ein großes Licht" (Kap. 22, 6), "ein Licht, das den
Glanz der Sonne übertraf" (Kap. 26, 13). (Beachten
wir den stets stärker werdenden Ausdruck bei der Beschreibung des göttlichen Lichtes in den aufeinander
folgenden Berichten über dieses große Ereignis!)

Nie hat Paulus die Erscheinung und die Worte
des verherrlichten Herrn vergessen. Sie prägten seinen weiteren Lauf und seinen Dienst, ja sein ganzes
Leben. Er war auf seinem ungöttlichen Weg durch
das große LICHT in den Staub geworfen worden, und
aus dem bitteren Verfolger der Christen war ein hin-

gebungsvoller Herold Dessen geworden, den er zuvor in den Seinen verfolgt hatte. Gott hatte in sein Herz geleuchtet, hatte ihm die Offenbarung Seiner Herrlichkeit im Angesicht Christi geschenkt. Aber nun sollte Paulus den Lichtglanz der Erkenntnis Gottes, den er selbst empfangen durfte, weitergeben, widerstrahlen, damit auch andere zur Erkenntnis der Herrlichkeit Gottes kämen, die allein im Herrn Jesus gesehen werden kann.

Mit uns Kindern Gottes heute verhält es sich grundsätzlich genauso. Gott hat uns „aus der Finsternis zu seinem wunderbaren Licht berufen", damit wir Seine Tugenden, Seine Vortrefflichkeiten den Menschen verkündigen (1. Pet 2, 9). Er hat in unsere Herzen geleuchtet, hat uns die Erkenntnis Seiner Gedanken über Seinen Sohn geschenkt. Und nun möchte Er, dass wir dieses empfangene Licht in eine dunkle Welt widerspiegeln und inmitten eines verdrehten und verkehrten Geschlechts „wie (Himmels-)Lichter in der Welt" scheinen (Phil 2, 15).

Oh Kind Gottes, bedenke, dass dies deine wahre Aufgabe in dieser Welt ist: den Menschen dieses Zeitlaufs in Wort und Verhalten Christus zu zeigen! Wenn wir, die wir einst Finsternis waren, jetzt „Licht in dem Herrn" (Eph 5, 8), wenn wir in der Zeit der Abwesenheit Christi „das Licht der Welt" sind, dann sollen wir auch unser Licht vor den Menschen leuchten lassen, „damit sie eure guten Werke sehen und euren Vater, der in den Himmeln ist, verherrlichen" (Mt 5, 14–16).

Die Verblendung durch Satan

Aber der Ausbreitung dieses Lichtglanzes wirkt beständig jemand entgegen – Satan, der in 2. Korinther 4 „der Gott dieser Welt" genannt wird. Er verblendet den Sinn der Ungläubigen, „damit ihnen nicht ausstrahle der Lichtglanz des Evangeliums der Herrlichkeit des Christus" (Vers 4). Irgendetwas glauben schließlich auch die „Ungläubigen". Wenn sie nicht dem Zeugnis Gottes glauben, dann glauben sie den Vorspiegelungen Satans. Wie wahr ist das Wort Christian Fürchtegott Gellerts:

> *„Wer dem Glaub' die Tür versagt,*
> *dem steigt der Aberglaub' durchs Fenster."*

Der Gott dieser Welt benutzt alles ihm zur Verfügung Stehende, um den Sinn der Menschen zu verblenden und das Licht des Evangeliums – wenn irgend möglich – wirkungslos zu machen. Es sind nicht immer nur die materiellen Dinge, die er vor die Herzen stellt. Oft bedient er sich gerade auch okkulter

Bewegungen oder anderer böser Lehren und Weltanschauungen, deren weit reichenden Wirkungen wir kaum überschätzen können. Wer steht zum Beispiel hinter der Philosophie der Chaoten und Extremisten, wer hinter der systematischen Unterhöhlung jeglicher Autorität, wenn nicht er? Und wie hat er es geschafft, den Sinn Ungezählter durch die Evolutionslehre zu verblenden und von dem wahren Schöpfer-Gott abzuwenden!

Er ist auch der Urheber jeder falschen Lehre auf christlichem Gebiet. Wir werden ausdrücklich vor betrügerischen Geistern und Lehren von Dämonen gewarnt (1. Tim 4, 1). Als „Engel des Lichts", wenn er mit dem Wort Gottes kommt, ist er für den religiösen Menschen besonders gefährlich. Er lässt durch seine Werkzeuge fundamentale Lehren der Heiligen Schrift, wie zum Beispiel die Lehre von der leiblichen Auferstehung oder von dem ewigen Gericht, angreifen und total leugnen. Ja, er hat auch geeignete Männer bereit, die unter dem Deckmantel großer Gelehrsamkeit zu beweisen suchen, dass die Bibel selbst nur ein Geschichts- und Märchenbuch sei, dass die berichteten Wunder nur sinnbildlich zu verstehen seien, und so fort.

Ach, ob wohl unter meinen Lesern jemand ist, dessen Sinn durch solche oder ähnliche Gedanken verblendet ist, der bisher irgendeinem Irrlicht Satans gefolgt ist? Ich kenne dich wohl nicht, aber eines weiß ich: Glücklich bist du nicht. Satan macht nie glücklich. Er wird dich immer tiefer in die Finsternis stoßen, bis es schließlich für immer zu spät ist. Denn scheidest du einmal unversöhnt aus diesem Leben oder wirst du von der Ankunft Christi überrascht, dann kommst du in die ewige Finsternis, die für den Teufel und alle, die ihm folgen, bestimmt ist. Gott sagt von den verführenden „Irrsternen": „... denen das Dunkel der Finsternis in Ewigkeit aufbewahrt ist" (Jud 13).

Soll das auch dein Aufenthaltsort in alle Ewigkeit sein? Schrecklicher Gedanke! Willst du nicht lieber heute noch zu Dem kommen, der das Licht des Lebens ist und der auch dein Herz zu erleuchten und dich vollkommen glücklich zu machen vermag? Willst du nicht den Weg der Finsternis verlassen und mit den Kindern Gottes in das ewige Licht gehen, von dem wir sogleich noch mehr hören werden? Deswegen:

„Wir bitten an Christi statt: Lasst euch versöhnen mit Gott!" (2. Kor 5, 20).

„Wen da dürstet, der komme; wer da will, nehme das Wasser des Lebens umsonst" (Off 22, 17).

Wir erkennen stückweise

Schon heute ist es von uns Gläubigen wahr, dass wir „in dem Licht wandeln, wie er" – Gott – „in dem Licht ist" (1. Joh 1, 7). Zu unserer Beschämung müssen wir zwar eingestehen, dass wir nicht immer *gemäß* oder *entsprechend* dem Licht wandeln, in das wir durch die Gnade gebracht sind.

Zwischen unserer Stellung in Christus und unserem praktischen Verhalten klafft oft eine große Lücke. Dennoch ist es eine unumstößliche Tatsache, dass Kinder Gottes „*in* dem Licht wandeln" und nicht irgendwo anders.

Nachdem der Herr Jesus am Kreuz von Golgatha gestorben ist und das Werk der Erlösung vollbracht hat, ist der Vorhang des Tempels zerrissen (Mt 27, 51). Nun strömt gleichsam das Licht Gottes ungehindert aus dem Heiligtum der Gegenwart Gottes hervor; und uns ist es gegeben, in dem vollen Licht der Offenbarung, die Gott von Sich gegeben hat, zu sein und zu leben. Wir haben zwar kein Licht in uns selbst, aber wir sind „Licht in dem Herrn", besitzen also durch die neue Geburt die göttliche Natur, die LICHT ist und die uns befähigt, das Licht der Offenbarung Gottes im Angesicht Christi zu erfassen und zu genießen.

Doch so unermesslich groß und erhaben dieses Vorrecht auch ist, „das Vollkommene" ist noch nicht gekommen. Denn erstens ist unser heutiges Erkennen Gottes und der göttlichen Dinge nur „stückweise", wie uns der Apostel Paulus in 1. Korinther 13 sagt. „Denn wir erkennen stückweise" (Vers 9), das heißt fragmentarisch, Stück um Stück. Noch sind wir nicht in der Lage, die Wahrheit Gottes als Ganzes zu erfassen. Das macht oder hält uns demütig. Zeigt es doch, wie lückenhaft all unser Erkennen ist.

Und zweitens „sehen wir jetzt mittels eines Spiegels, undeutlich" (Vers 12). Wohl sind wir Licht in dem Herrn, und wir wandeln in dem Licht, wie Er in dem Licht ist. Das können wir gar nicht überschätzen. Trotzdem sehen wir die Dinge Gottes heute nicht unmittelbar, sondern nur mittelbar, wie durch einen Spiegel. Wir sehen die Dinge nicht falsch, Gott sei Dank! Aber wir sehen mehr die Konturen als die Dinge selbst.

Das aber wird sich mit einem Schlag ändern, wenn „das Vollkommene gekommen sein wird" (Vers 10). Wie das geschehen wird, schildert uns 1. Thessalonicher 4:

> *„Denn der Herr selbst wird mit gebietendem Zuruf, mit der Stimme eines Erzengels und mit der Posaune Gottes herniederkommen vom Himmel, und*

die Toten in Christus werden zuerst auferstehen; danach werden wir, die Lebenden, die übrig bleiben, zugleich mit ihnen entrückt werden in Wolken dem Herrn entgegen in die Luft; und so werden wir allezeit bei dem Herrn sein" (Kap. 4, 16.17).

Dann, Geliebte, wird das Vollkommene gekommen sein! Doch gehen wir noch ein wenig näher ein auf die Wiederkunft Christi und auf die damit verbundene „erste Auferstehung", sowie auf die „Auferstehung zum Gericht" am Ende der Tage!

Die Wiederkunft Christi

Wie wir soeben vernommen haben, werden bei der Wiederkunft Christi zur Heimholung Seiner Braut zuerst die „Toten in Christus" auferstehen. Das lässt mich noch einmal an die im Eingang des Buches erwähnte Grabinschrift erinnern, deren letzte Zeile wir noch nicht überdacht haben:

PER SPIRITUM SANCTUM
REVIVISCIMUS
oder
DURCH DEN HEILIGEN GEIST
WERDEN WIR WIEDER LEBENDIG

Es ist zwar wahr, dass „wir wieder lebendig werden", aber wer sind die ›Wir‹? Die „erste Auferstehung" umfasst nur die „Toten in Christus", jene also, die im Glauben an ihren Erlöser „entschlafen" und damit „des Christus sind bei seiner Ankunft" (1. Kor 15, 23). Nur sie haben an der „Auferstehung des Lebens" (Joh 5, 29) teil, nur sie werden bei der Entrückung mit den lebenden, verwandelten Heiligen dem Herrn entgegengehen in die Luft, um allezeit bei dem Herrn im Himmel zu sein.

„Die Übrigen der Toten wurden nicht lebendig, bis die tausend Jahre vollendet waren" (Off 20, 5).

Diese „Übrigen der Toten" sind alle jene Menschen, die unversöhnt in die Ewigkeit gingen und die in der Ablehnung Christi „das Böse verübt haben" (Joh 5, 29). Auch sie werden – über tausend Jahre später – auferweckt werden. Das wird dann die „Auferstehung zum Gericht" sein. Denn sie werden nur dazu auferweckt werden, um vor Dem, der auf dem großen weißen Thron sitzt, zu erscheinen und von Ihm gerichtet zu werden. „Und wenn jemand nicht geschrieben gefunden wurde in dem Buch des Lebens" (ach, von denen, die vor dem großen weißen Thron stehen, wird nicht ein einziger in dem Buch des Lebens gefunden werden; denn die Gläubigen sind längst alle auferweckt und in der Herrlichkeit Gottes!), „so wurde er in den Feuersee geworfen" (Off 20,15). – Erschütterndes Ende derer, die Gott nicht gehorcht haben!

Um auf die Entrückung der Heiligen zurückzukommen: „Wir werden zwar nicht alle entschlafen, wir werden aber alle verwandelt werden, in einem Nu, in einem Augenblick ... und die Toten werden auferweckt werden unverweslich, und wir werden verwandelt werden" (1. Kor 15,51.52).

Ebenso wie 1. Thessalonicher 4 machen diese Worte klar, dass die Toten in Christus *auferweckt* und die bei der Ankunft des Herrn lebenden Gläubigen („wir, die Lebenden") verwandelt werden. Ob nun die einen auferweckt und die anderen verwandelt werden, der Herr Jesus Christus wird in jedem Fall durch Seine Auferstehungsmacht unseren Leib der Niedrigkeit „umgestalten zur Gleichförmigkeit mit seinem Leib der Herrlichkeit" (Phil 3,21). Wir werden einen Körper empfangen, der ein geeignetes Instrument ist, um damit in das vollkommene Licht droben einzutreten. Um Ihn zu sehen, „wie er ist" (1. Joh 3,2), müssen wir „IHM gleich sein", müssen wir einen Leib der Herrlichkeit haben.

Dann werden wir nicht mehr wie „mittels eines Spiegels", „undeutlich" sehen, sondern „von Angesicht zu Angesicht". Und dann werden wir erkennen, wie wir erkannt worden sind, das heißt auf eine vollkommene, absolute Weise (1. Kor 13, 12). Was wird das für Herrlichkeit und Glückseligkeit sein, wenn es uns gewährt wird, nicht nur Spiegelbilder, sondern die Dinge selbst, ja den Herrn Jesus zu sehen – Ihn zu sehen, wie Er ist! Oh, in das Angesicht Dessen schauen zu dürfen, der uns so sehr geliebt hat! –

Droben im Licht

Sind wir erst einmal zum Herrn gekommen, „werden wir allezeit bei dem Herrn sein." Wir werden nie mehr hinausgehen. Wir werden ewig mit Ihm leben. Das macht unsere Glückseligkeit aus. Doch lasst uns abschließend noch einen Blick auf die „heilige Stadt, Jerusalem" droben richten, wie sie uns in Offenbarung 21, Verse 23–25, geschildert wird!

> *„Und die Stadt bedarf nicht der Sonne noch des Mondes, damit sie ihr scheinen; denn die Herrlichkeit Gottes hat sie erleuchtet, und ihre Lampe ist das Lamm. Und die Nationen werden durch ihr Licht wandeln, und die Könige der Erde bringen ihre Herrlichkeit zu ihr. Und ihre Tore sollen bei Tag nicht geschlossen werden, denn Nacht wird dort nicht sein."*

Die ›heilige Stadt, Jerusalem‹ ist ein Bild von der wahren Kirche Gottes in Herrlichkeit. ›Kirche‹ oder besser ›Versammlung Gottes‹ bedeutet stets die Summe aller Erlösten der Gnadenzeit, die hier im Himmel gesehen werden.

Nun, die Versammlung wird in diesem Abschnitt nicht in ihrer kostbaren Stellung in Christus, sondern in Verbindung mit dem Tausendjährigen Reich gesehen.

Schon in den Versen 10 und 11 werden uns von ihr, die in anderer Hinsicht auch „die Braut, das Weib des Lammes" ist, drei wichtige Merkmale gesagt:

☐ Sie trägt einen himmlischen Charakter: „herniederkommend aus dem *Himmel*."
☐ Sie hat Gott selbst zum Ursprung: „herniederkommend ... von *Gott*."
☐ Sie ist mit der Herrlichkeit Gottes bekleidet: „und sie hatte die *Herrlichkeit Gottes*."

Von diesem „Jerusalem droben" sagt Paulus, dass es „unsere Mutter" sei (Gal 4,26). Es ist wichtig, das himmlische Jerusalem nicht mit dem irdischen zu verwechseln. Das himmlische Jerusalem ist eine *sinnbildliche* Bezeichnung der verherrlichten Versammlung, das irdische Jerusalem dagegen ist eine *buchstäbliche* Stadt hier auf der Erde, die Hauptstadt des wiederhergestellten Israel, ja des tausendjährigen Friedensreiches Christi auf der Erde.

Zwischen beiden wird zwar in jener Zeit eine innige Verbindung bestehen, und das irdische Jerusalem wird ein Abbild des himmlischen sein. Die eigentliche Metropole zur Regierung dieser Erde aber wird das Jerusalem droben sein, die verherrlichte Versammlung Gottes.

Es ist nicht der Zweck dieser Zeilen, eine genaue Auslegung dieses Kapitels und dieses Gegenstandes zu bieten. Vielmehr soll nur auf das unermesslich kostbare *Endziel* unseres Weges hingewiesen werden – das Licht der Herrlichkeit Gottes. Einst waren wir Finsternis, kamen aus der Finsternis. Jetzt sind wir Licht in dem Herrn, sind im Licht Gottes und sehen im Glauben die Herrlichkeit Gottes im Angesicht Christi. Aber eines haben wir noch nicht: die Herrlichkeit Gottes.

Wenn uns der Herr Jesus droben eingeführt haben wird, werden wir mit der Herrlichkeit Gottes bekleidet sein und von der Herrlichkeit Gottes erleuchtet werden. Was das in sich schließt, kann keine menschliche Zunge aussprechen. So ist die himmlische Stadt nicht auf natürliches Licht angewiesen, sie „bedarf nicht der Sonne noch des Mondes, damit sie ihr scheinen; denn die Herrlichkeit Gottes hat sie erleuchtet". Gott wird sich vollkommen offenbaren, und wo das der Fall ist, besteht kein Bedürfnis nach natürlichem oder künstlichem Licht. Die Gläubigen in Herrlichkeit werden zu ihrer Erkenntnis und Freude keiner äußeren Hilfsquellen mehr bedürfen, denn Gott selbst und das Lamm sind ihr glückseliges Teil auf ewig. Gott wird sie mit Seinem Licht erfüllen und sie alles vollkommen genießen lassen, was Er ihnen in Christus Jesus geschenkt hat. Was der Psalmist vorausgesagt hat, wird dann völlig in Erfüllung gehen: „In deinem Licht werden wir das Licht sehen" (Ps 36,9).

In Jesaja 60 findet sich ein wunderbares Verheißungswort, das sich einer sehr ähnlichen Sprache bedient, sich jedoch auf den irdischen Teil des Reiches bezieht. Aber, so möchte ich vorwegnehmen, wenn das schon das wunderbare Teil des irdischen Jerusalem sein wird, was muss dann erst die Segnung des Jerusalem droben, der Erlösten im Himmel, sein!

„Nicht wird ferner die Sonne dir zum Licht sein bei Tage, noch zur Helle der Mond dir scheinen; sondern der HERR wird dir zum ewigen Licht sein, und dein Gott zu deinem Schmuck. Nicht wird ferner deine Sonne untergehen, noch dein Mond sich zurückziehen; denn der HERR wird dir zum ewigen Licht sein. Und die Tage deines Trauerns werden ein Ende haben" (Verse 19.20).

„Und ihre Lampe ist das Lamm." Während Gott die *Quelle* des Lichtes im himmlischen (wie auch im irdischen) Jerusalem sein wird – des Lichtes, das die ganze Stadt erfüllt, wird der Herr Jesus, der für uns starb, die eigentliche ›Lampe‹ der göttlichen Herrlichkeit sein. Er wird gleichsam – mit aller Hochachtung sei es gesagt – das *Instrument* oder die *Sphäre* zur Verbreitung des göttlichen Lichtes in der Stadt sein. Wir werden in Ihm als dem ›Lamm‹ dieses Licht empfangen und genießen, wie es dem Grundsatz nach schon heute wahr ist: Wir erkennen die Herrlichkeit Gottes „im Angesicht Christi". Wir werden Gott schauen – denn dann sind wir vom Glauben zum Schauen gelangt –, aber wir werden Ihn in dem Herrn Jesus, dem Lamm, schauen. Er ist und bleibt ewig das „Bild Gottes". Gesegnete Tatsache!

Doch wie wird das Herz berührt durch den Ausdruck ›das Lamm‹! Bei allem Genuss des Lichts und der Herrlichkeit Gottes werden wir nie vergessen, was Er einst für uns erduldet hat: Damit wir aus der Finsternis ins Licht kommen könnten, musste Er als das Lamm Gottes am Kreuz in die Stunden der Finsternis eintreten, um die Strafe zu unserem Frieden zu tragen. Gepriesen sei ewig Sein Name dafür!

Die Stadt, von der Herrlichkeit Gottes erleuchtet, wird einem gewaltigen, hell strahlenden Himmelskörper am Firmament des Tausendjährigen Reiches gleich sein, der alles auf der Erde in das Licht Gottes taucht. So wie heute die Versammlung der Pfeiler und die Grundfeste der Wahrheit ist (1. Tim 3, 15) und als einzige – wenn auch unvollkommen – Licht in der Welt verbreitet, so wird sie einmal das Licht, dessen sie sich selbst in Herrlichkeit erfreut, widerspiegeln, so dass die Nationen auf der Erde „durch ihr Licht wandeln" werden. Gott wird sich wieder der Versammlung bedienen, um auf der Erde Licht zu geben.

Nur noch auf einen Charakterzug möchte ich hinweisen:

*„**Nacht** wird dort nicht sein" (Off 21, 25);*
*„**Nacht** wird nicht mehr sein" (Kap. 22, 5).*

Heute ist noch NACHT. Aber auch sie ist schon „weit vorgerückt, und der Tag ist nahe" (Röm 13, 12). So lasst uns das Haupt glaubensvoll emporheben, denn „jetzt ist unsere Errettung näher, als damals, als wir gläubig wurden". Zudem besitzen wir das prophetische Wort befestigt. Es leuchtet wie eine Lampe am dunklen Ort und weist uns den Weg. Darüber hinaus ist in unseren Herzen schon jetzt Tag geworden und der Morgenstern aufgegangen (2. Pet 1, 19). Wir kennen den ›Morgenstern‹ bereits, ehe Er aufgegangen ist, und wir warten auf Den, der gesagt hat: „Ja, ich

komme bald" (Off 22, 20). Ehe die Schatten fliehen,
wird der Herr Jesus als der glänzende Morgenstern
am noch dunklen Firmament dieser Welt für uns erscheinen und uns auf ewig zu Sich nehmen. „Und
NACHT wird nicht mehr sein." Unendlicher Triumph
der Gnade Gottes!

> *Weit vorgerückt*
> *ist schon die Nacht der Tränen.*
> *Der Morgen naht,*
> *er stillt mein heißes Sehnen,*
> *wo, Herr, mein Auge Dich erblickt.*
>
> *Wo ist die Nacht?*
> *Wo sind die Kummertränen,*
> *Herr Jesus, dann, wenn Du gestillt mein*
> *Sehnen*
> *und ich Dich schau' in Himmelspracht?*
>
> *Ja, dann ist fern,*
> *was hier mich je beschweret.*
> *Ich hab' genug – hab', was mein Herz begehret,*
> *hab' Dich, oh Jesu, meinen Herrn.*

Oh geliebte gläubige Mitpilger, was immer die Nacht
der Tränen, des Schreckens und des Todes, was immer die Nacht der Verwerfung unseres Herrn auf der

Erde gekennzeichnet und euch gebracht haben mag: Es wird dann für immer und ewig vorüber sein! Es wird ewig Tag, es wird der ewige Tag Gottes sein. Und nie mehr wird es auch nur den geringsten Schatten geben, der unsere vollkommene Freude am Herrn trüben könnte.

So wollen wir einander mit diesen Worten ermuntern:

IN DEINEM LICHT
WERDEN WIR DAS LICHT SEHEN!